計劃一下
享受一個輕巧自在的
悠哉小旅行

ことりっぷ co-Trip 小伴旅

沖繩

讓我陪你去旅行
一起遊玩好EASY～

走♪我們出發吧

抵達沖繩後…

終於到了。

那麼，接下來要做什麼呢？

藍色的海、寬廣的天空、南國的花朵。
在景觀咖啡廳尋找喜歡的餐具，
盡情的沉浸在沖繩的魅力之中吧！

說到沖繩，第一個想到的就是海洋，沿著海邊開車兜風、在海灘上悠閒度過時間、或是在度假飯店放鬆休息都是旅行的樂趣。品嘗獨特的沖繩料理，或在景觀咖啡廳用餐也很不錯。美麗的景色和自然能淨化心靈，要不要試著度過一個琢磨五感的假日呢？

check list

☐ 浮潛或是眺望欣賞海景，徜徉在
  碧藍的海洋中 ▷ P.36

☐ 下榻在令人嚮往的旅館，度過
  南國時光 ▷ P.32、34、92、94、96

☐ 在沖繩美麗海水族館和
  鯨鯊面對面 ▷ P.102

☐ 前往神聖的場所 ▷ P.124、128

☐ 令人神清氣爽的
  開車兜風 ▷ P.114、120

在不為人知的隱密民宿度過最幸福的片刻。▷ P.32

離島的海的透明度是不同等級的。
▷ P.132

沖繩美麗海水族館是不容錯過的熱門觀光景點。
▷ P.102

全員都沐浴在負離子中，在山原的森林好好充電、回復元氣。
▷ P.110

可以感受到悠久歷史氛圍的世界遺產御城，石牆美得令人忍不住嘆息。
▷ P.38

3

抵達沖繩後…

要吃點什麼呢？

欣賞風景的同時，也來品嘗一下
海產、山產和新鮮的食材吧！
沖繩也有氣氛很好的咖啡廳喔！

除了在沖繩近海捕獲的南國
獨特海鮮、沖繩炒苦瓜和沖
繩麵等基本的沖繩料理以
外，豬腳和海葡萄，還有大

量使用當季水果的甜點及沖
繩善哉也令人食指大動。沖
繩也有很多可愛的咖啡廳，
在旅行途中順便去坐坐吧！

花很多時間細心製作的沖繩麵，
吃起來味道豐富。
🔖 P.60

享用使用了新鮮蔬菜的餐點，是
對身心都有益的好味道。
🔖 P.56

check list

- ☐ 最幸福的咖啡時光 🔖 P.18
- ☐ 冰涼的甜點 🔖 P.20、44
- ☐ 吃遍所有沖繩麵店 🔖 P.60、108
- ☐ 在城下町首里享用午餐 🔖 P.70

- ☐ 森林咖啡廳、
  海岸咖啡廳 🔖 P.106、122
- ☐
- ☐

使用得越久越有味道。可以每天
使用一見鍾情的器皿，光是想像
就覺得很開心。🔖 P.86

紅型是沖繩傳統的染色技法之
一，將紅型設計成平常也可以使
用的東西🔖 P.28

要買點什麼呢？

買下當地藝術家的作品，當作是給自己的紀念品，
可愛的小點心或是小東西也很不錯，
尋找一樣可以作為旅行回憶的小東西吧！

沖繩有琉球玻璃、陶瓷器、
紅型雜貨等各式各樣的工藝
品，藝術家精心製作的傑作
既可以當作旅行的紀念，也
能為生活增添色彩。使用沖

繩食材的點心，可愛又美
味，還有種類豐富的沖繩情
調的小物，當作伴手禮讓收
到的人都開心。

check list

- ☐ 平常可用的紅型小物 🔖 P.28
- ☐ 生活周遭的沖繩藝術家作品
  🔖 P.46
- ☐ 在國際通找到的伴手禮 🔖 P.48

- ☐ 遇見沖繩陶瓷器
  🔖 P.50·86
- ☐ 宇流麻市的手作品 🔖 P.82

到沖繩玩3天2夜

脫離日常生活，前往南國沖繩。
眺望大自然的美麗景色，或是在渡假飯店悠閒度過，
來個讓身心煥然一新的旅行吧！

第一天

到達那霸機場。
租好車後先吃午餐。

11:00
在那霸的沖繩麵店**御殿山** P.60，享用沖繩麵。

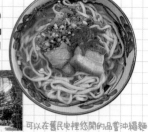

可以在舊民宅裡悠閒的品嘗沖繩麵

13:00
前往世界遺產**首里城公園** P.66。漆了鮮豔紅漆的正殿是琉球王國的象徵。

15:30 逛逛有很多陶瓷器的**讀谷の工房**。 P.86

可愛的筷架會成為餐桌的亮點

17:30

入住本島中部的**沖繩ALIVILA日航度假酒店** P.34，可以在露台眺望海景，或是在海灘散步，度過悠閒的時光。

18:30 在**殘波岬** P.85可以觀賞到沉入海中的夕陽。

住在令人嚮往的度假飯店，度過彷彿在樂園的時光

第二天

8:30
退房後沿著海邊開車兜風，前往本部半島。

世界級的大水槽，讓人感覺彷彿就身處在海洋中。

9:30
前往**沖繩美麗海水族館** 📖**P.102**，與悠遊的鯨鯊和鬼蝠魟面對面。

也可以看到海牛

12:00
中午在**CAHAYA BULAN** 📖**P.100**的觀海貴賓席享用亞洲式午餐。飯後在**備瀨的福木林蔭大道** 📖**P.100**散步。

14:00
開車在**古宇利大橋** 📖**P.114**上爽快的兜風，古宇利大橋架在閃耀著祖母綠光輝的海洋上。

Tinu海灘 📖P.36、115上的心形礁岩

16:00
到Cookhal 📖P.101購買農人親手製作的點心和伴手禮。

18:00
抵達**沖繩萬麗度假酒店** 📖**P.95**，從陽台望出去的景色非常浪漫。

小小的旅行
建議書

第三天
（方案①）

10:30

最後一天早上，悠閒的享用過早餐後去海灘散步。

12:00

前往港川區域，港川區域林立著外國人住宅改裝而成的咖啡廳和商店。午餐要不要試試在**スパイスcafe ホチホチ** P.77吃泰國菜呢？

14:00

逛逛**壺屋通** P.50的商店，希望可以找到喜歡的陶瓷器或是沖繩玻璃製品。

市場名產
冰檸檬汁
120日圓

15:00

在熱鬧的**第一牧志公設市場** P.52，體驗沖繩的飲食文化。

15:30

最後不要忘記要在**國際通** P.42～49選購伴手禮。

17:00

歸還租來的車子，前往那霸機場搭飛機回家。

第三天
（方案②）

9:00
退房後，前往本島南部。

10:30　連接縣道86號和國道331的**Nirai橋・Kanai橋** 🗺
P.120，下了橋後眼前就是一望無際的蔚藍海洋。

11:00
世界遺產**齋場御嶽** 🗺**P.124**充滿
了肅穆的氛圍，散發出神聖的感
覺。

什麼都不想，眺望著海洋的時間是最幸福的

13:00
邊眺望著蔚藍的
海洋，邊享受在
Cafeやぶさち 🗺
P.123的午餐時
光。

海產十分
豐富齊全

17:00　歸還租來的車子，前往機場搭
飛機回家。

期待再度
造訪沖繩的
那一天……

15:30
在**道の駅 いとまん** 🗺**P.116**選購伴手禮，
享受最後的購物之樂。

大略地介紹一下沖繩

沖繩從南到北都有非常多的景點，
本書將沖繩本島分為四個區域，製作了可以了解各區域特色的地圖，
請參考這個地圖規劃想去的觀光景點和路線。

在那霸機場，做好旅行的萬全準備

登機門在哪裡？不小心丟了東西該怎麼辦？有疑問和困惑的時候就到綜合服務台
機場內的大小問題就交給綜合服務台解決，綜合服務台位於1樓（7:30～23:30）、2樓（7:00～21:00）、3樓（7:00～20:00）大廳的中央。

先填飽肚子
那霸機場內有選擇豐富的餐廳
那霸機場內有沖繩料理和西式料理的餐廳，大多數從10:00營業至20:00左右，營業時間依店家而異，也有的店家在6:30就開始營業，或是營業至22:00。

如果忘記買伴手禮了
可以在各樓層的伴手禮商店補買
那霸機場二樓有約45間伴手禮商店，營業時間從6:30～20:30，登機門的對面也有免稅商店，也很適合為自己選購紀念品。

還有哪些地方對旅行有幫助呢？
一樓有很多便利的服務
在沖繩觀光會議局所設的觀光服務處可以預約到飯店的利木津巴士，還有宅配便等服務。

東海

伊江島

沖繩美麗海水族館
今歸仁村
今歸仁城跡
古宇利
名護自然動植物公園

本部町
瀬底島
名護市
OKINAWA水果園
名護博物館 名護市
名護灣 許田
海中展望塔 恩納
萬座毛 宜野座
恩納海岸 金武
殘波岬 金武灣 億首川紅樹林
屋嘉 金武町
座喜味城跡 琉球村 石川 金武大川
體驗王國MURASAKI MURA
やちむんの里 BIOS（生命）之丘 伊計島
讀谷村 宇流麻市 宮城島
嘉手納町 沖繩北 勝連城跡 平安座島
北谷町 沖繩南 海中道路 濱比嘉島
宜野灣市 北中城 北中城村 藪地島
浦添市 西原 中城城跡
那霸市 中城村
首里城公園 西原Jct 中城灣
國際通 西原町
那霸 南風原北
那霸機場＋ 豐見城市 南風原
豐見城・名嘉地 南風原町
那霸空港自動車道 與那原町
豐見城 廣場御嶽 久高島
本島南部
糸滿市 沖繩世界文化王國
南城市
姬百合塔 平和祈念公園
喜屋武岬

白天晚上都很好玩
熱鬧的城市

那霸・首里
なは・しゅり

P.41

那霸的主要景點是沖繩最繁華的國際通，國際通是一條並立著很多餐廳和商店的街道。首里作為琉球王國首都曾經盛極一時，景點有首里城公園和玉陵等世界遺產。

本島中部

本島南部

盡情享受亞熱帶的大自然
本島北部
ほんとうほくぶ

P.99

本島北部聚集了沖繩觀光絕對不能錯過的美麗海水族館、沖繩麵店和森林咖啡廳，最適合兜風。也可以試著到更北的山原地區，享受健行散步、划獨木舟等自然旅遊的樂趣吧！

茅打斷崖　邊戶岬

國頭村
比地大瀑布
大宜味村立芭蕉布會館
大宜味村
東村　**本島北部**
杜鵑花生態公園
慶佐次川紅樹林

太平洋

異文化生根的特色地區
本島中部
ほんとうちゅうぶ

P.75

本島中部有美軍基地，常會看到外國人，是帶有異國風情的區域，西海岸有很多度假飯店，也有萬座毛和殘波岬等風景名勝。港川地區的外國人住宅區也很受歡迎。

歷史和神話和海的兜風路線
本島南部
ほんとうなんぶ

P.119

主要的觀光景點是充滿神祕氛圍的齋場御嶽、被稱為「神之島」的久高島和綠意盎然的平和祈念公園。也很推薦順道去國道331號上可以欣賞到海景的咖啡廳。

ことりっぷ co-Trip 小伴旅 沖繩

CONTENTS

特別的沖繩

脫離日常生活來到沖繩之後，什麼都躍躍欲試，
雖然想做很多事，但是聽著海潮聲，
什麼都不做，悠閒的發呆也很不錯。

登錄為世界遺產的首里城公園和城跡、
閃亮耀眼的藍色大海和濃綠的原生樹林，
沖繩有著其他地方所沒有的魅力。

在能感受到歷史文化或自然氛圍的店家用餐，
或是接觸承繼了珍貴傳統至今的傳統工藝，
希望您也能遇到讓人動心的感動風景。
在沖繩隨心所欲的度過，
出發來場用身心感受一切的旅行吧！

像是在家裡一樣的悠閒時光

珍貴的樂園時光

這次旅行的目的是什麼呢？
是在海景旅館悠閒度過時光，
或是在景觀咖啡廳品嘗美味到令人感動的餐點，
四處逛逛，尋找可愛的餐具也很不錯。
在有時令人興奮有時又令人覺得療癒放鬆的沖繩，
尋找專屬於自己的旅行方式吧！

美麗的風景和美味的食物
可以感受到大自然的咖啡廳

讓人印象深刻的深綠色樹林、閃閃發亮的藍色海洋等，
沖繩有很多風景很美麗的咖啡廳。
享用沖繩島的美食和甜點，度過悠閒的時光吧！

1不論是在哪個位子，沖繩的原生林風景都能一覽無遺 **2**こくう盤餐1200日圓 **3**也有可以脫鞋放鬆的座位 **4**巧克力塔450日圓和有機蘋果蘇打500日圓 **5**陳列著藝術家所製作的器皿 **6**琉球瓦的紅瓦屋頂是這家店的標誌

獨佔越過原生林的海洋與天空

カフェこくう
‖ 今帰仁 ‖

建於可以俯瞰海洋的高台上，前方是山原的原生林，可以一覽對面的東海。每日更換菜色的健康午餐拼盤，使用了沖繩島的天然食材，料理融合了和食和長壽飲食法。

☎0980-56-1321 ⌂今帰仁村諸志2031-138 希望が丘內 ⏰11:30～16:30 休週日、一 Ⓟ有 ‼許田IC車程24km MAP 150 C-2

有很多景觀很好的咖啡廳

以南部、中部、北部地區為中心，分布著很多地點絕佳的咖啡廳，例如可以欣賞到海景的海洋咖啡廳、位於茂密森林中的森林咖啡廳等等。

■夾著紅芋鮮奶油的鬆餅，紅芋千層鬆餅734日圓 ②義大利蘇打水各410日圓 ③以白色為基調的清爽店內裝潢

海風很舒服
海邊的鬆餅專賣店

Seaside cafe Hanon

‖北谷‖シーサイドカフェはのん

位於美濱美國村內的咖啡廳，鬆餅很受歡迎。鬆餅加入了打發的蛋白霜，煎得鬆鬆軟軟，有甜味和清淡的鹹味2種口味。

☎098-989-0653
⌂北谷町美浜9-39 オークファッションビルB-3 2F ⏰11:00～18:00(週六日、假日為9:00～)
㊡週一 Ⓟ有 ‖沖繩南IC車程6km MAP 146 A-3

在開放的綠色森林內享用
對身體很好的沖繩島餐點

Cafeハコニワ

‖本部‖カフェハコニワ

咖啡廳由屋齡50年以上的舊民家改裝而成，門窗的配色等也十分用心，具現代感的氛圍讓人印象深刻。餐點主要使用當地能取得的蔬菜，可以品嘗到將家常菜稍做變化的餐點和甜點。

☎0980-47-6717 ⌂本部町伊豆味2566 ⏰11:30～17:30
㊡週三、四 Ⓟ有 ‖許田IC車程14km MAP 151 D-3

■建於林蔭隧道盡頭的獨棟房屋 ②本日的ハコニワ盤餐900日圓
③店內的裝潢大膽露出了屋頂內側和天花板的橫樑

時間較為有限的人，推薦去離那霸機場較近的南部地區的咖啡廳。

要不要在旅行途中來一杯好喝的咖啡？
接觸沖繩的咖啡文化

在沖繩，有很多堅持使用自家烘焙咖啡豆的正統咖啡廳，
還有店內空間優雅而時尚的咖啡廳。
為您介紹在這之中，最有特色的咖啡廳。

可以一覽那霸景色的墨爾本風咖啡廳
食堂黑貓 ‖首里‖しょくどうくろねこ

可以享用到自家烘焙咖啡和正
統墨爾本菜，咖啡從生豆的篩
選開始，整個烘焙過程的管理
都非常嚴格。在像是隱密民宅
的氛圍中，仔細品嘗當下的那
一杯咖啡。

☎050-1300-3853 ⌂那霸市首里赤
平町2-40-1 3F ⏰9:00～16:30
㊡週一、四、每月第一個週五 Ⓟ有
‖都市單軌電車儀保站步行10分
MAP 145 E-2

1也有販售店家自豪的咖啡豆 2放在店
中央的大桌子令人印象深刻 3花6小時
萃取出的冰滴咖啡400日圓，和大量使
用咖啡的提拉米蘇500日圓

1自家烘焙的咖啡450日圓和豆子醬番茄三明治450日圓 2店內的優質喇
叭放著爵士樂 3位於河邊，附近的樹木很茂密

在河邊的咖啡廳邊聽爵士樂邊品嘗特別的一杯
たそかれ珈琲 ‖那霸‖たそかれこーひー

接到客人點單之後才開始磨
豆，使用濾布手沖、用心沖
泡的每一杯咖啡，有著溫潤
的口感，在店內也可以享受
到放著黑膠唱片的舒服空間
氛圍。

☎無 ⌂那霸市牧志1-14-3
⏰11:00～18:30 ㊡每月1、
10、20、30、31日 Ⓟ無
‖都市單軌電車美榮橋站步行5
分 MAP 143 D-2

特別的沖繩／接觸沖繩的咖啡文化

對咖啡豆無所不知的烘豆師所沖泡的頂級咖啡

COFFEE potohoto ‖那覇‖コーヒーポトホト

咖啡豆從嚴格挑選的生產商進
貨後，由店主親自烘焙販售。
只有在正統的自家烘焙咖啡
廳，才能品嘗到剛烘好的咖啡
豆的豐富香氣和甘甜味道。來
品嘗珍貴的一杯咖啡吧！

☎098-886-3095 ⌂那覇市安里
388-1 栄町市場內 ⏰10:00～
18:00（週五、六～19:00）
休週日 ℗無 ‼都市單軌電車安里
站即到 MAP 144 A-3

◨吧檯只有2個座位，除了濃縮咖啡
以外所有咖啡都可以外帶 ◩循著香氣
找尋寫著「豆」的招牌吧！ ◪拿鐵
320日圓。熱咖啡200日圓～

在懷舊的空間品嘗最幸福的時光

MAHOU COFFEE ‖那覇‖マホウコーヒー

靜靜的座落於熱鬧的市場通
旁巷道內，可以品嘗到重視
日本傳統咖啡文化的店主所
沖泡的咖啡，是能令人感受
到無上幸福的一杯。在店內
也可以悠閒感受時間的流
逝，放鬆度過時光。

☎098-863-6866 ⌂那覇市壺
屋1-6-5 ⏰10:00～17:00 休週
三 ℗無 ‼都市單軌電車牧志
站步行15分 MAP 附錄① E-3

◨MAHOU BLEND 500
日圓、巧克力起司蛋糕
390日圓，配上店家自
製的甜點，咖啡喝起來
會更美味 ◩店主邊想像
喝下這一杯咖啡的客人
的樣子邊倒入熱水沖泡
◪讓人感覺像是身在異
國的店內氛圍 ◫黃色的
遮雨棚是其標誌

不論是哪間店，對咖啡豆和烘焙過程都很講究，供應的都是很有特色的美味咖啡，多方品嘗比較也很有趣。

陶醉地在懷舊食堂度過
冰涼甘甜的幸福時光

冰涼甘甜的沖繩善哉，
是讓人有幸福感覺的一道魔法甜點。
在郊外的小食堂內，度過平靜安穩的片刻。

種類豐富的善哉專賣店

ぜんざいの富士家 泊本店

‖那覇‖ ぜんざいのふじやとまりほんてん

鋪在刨冰底下的大顆金時豆甜度剛
好，善哉可以追加煉乳、水果、香草
冰淇淋、白玉湯圓等配料，還有抹茶
和黑糖等豐富的口味。

☎098-869-4657 ⌂那覇市泊2-10-9
🕐11:00~21:00 困無休 Ｐ有 ‼都市單
軌電車美榮橋站步行10分
ᴹᴬᴾ 143 D-1

■富士家善哉320日圓，特色是刨冰是由煮金時豆的
湯所製成，就算融化了也很好吃
■店內的氛圍像是懷舊咖啡廳
■從刨冰機也可以感受到歷史
■舊民宅風格建築上的藝術裝飾是其標誌

沖繩的善哉是冰的

沖繩的善哉不使用紅豆，而是將金時豆煮至鬆軟，上面再加上冰冰脆脆的刨冰。在炎熱的地區，冰的善哉是基本款甜點。

親子3代都是常客
千日
‖那霸‖せんにち

多年來一直是當地人所喜愛的甜點店，招牌甜點是加了大量慢慢熬煮的金時豆的善哉冰。這間店的草莓牛奶金時在刨冰上淋了草莓糖漿和煉乳，高度高達20cm以上。也可以外帶。

☎098-868-5387 ⬆那霸市久米1-7-14 ⏰11:30〜19:00（夏季〜20:00）休週一（逢假日則翌日休）P有⬇都市單軌電車旭橋站步行10分
MAP 142 B-2

草莓糖漿和煉乳的味道充滿口中，草莓牛奶金時500日圓

像是冰果室一樣的店內空間

甜度剛好的優雅味道
鶴龜堂ぜんざい
‖讀谷‖つるかめどうぜんざい

金時豆花費6小時以上慢慢熬煮而成，優雅的味道廣受好評。人氣頗高的紅谷黑糖善哉則大量使用了讀谷村特產的紅芋，刨冰底下還藏著彈牙的白玉湯圓，是很受歡迎的冰品。

☎098-958-1353 ⬆讀谷村座喜味248-1 ⏰10:00〜18:00
休週三（夏季無休）P有
⬇石川IC車程12km
MAP 146 B-1

滿了大量紅芋粉的紅芋黑糖善哉580日圓

位於座喜味城跡的對面

以脆脆的刨冰為傲
ひがし食堂
‖名護‖ひがししょくどう

充滿沖繩情調的食堂，沖繩炒苦瓜等豐富的正餐料理之外，同時也有多達21種口味的刨冰，牆上排列的手寫菜單多半是刨冰的口味。店家的招牌是口感細緻的細刨冰。

☎0980-53-4084 ⬆名護市大東2-7-1 ⏰11:00〜18:30 休舊曆盂蘭盆節 P有 ⬇許田IC車程7km MAP 149 E-1

味道令人懷念的刨冰，三色刨冰320日圓

店鋪格局也很有味道

要排隊的名店
新垣ぜんざい屋
‖本部‖あらかきぜんざいや

創業至今已經50年以上的沖繩善哉店，在當地有著不可動搖的人氣。用柴火煮上8小時的金時豆鬆軟而美味。菜單上只有善哉，在店前大排長龍的人全都是為了這個味道而來。也可以外帶。

☎0980-47-4731 ⬆本部町渡久地11-2 ⏰12:00〜18:00（售完打烊）休週一（逢假日則休翌日）P無
⬇許田IC車程23km
MAP 150 B-2

加了鬆軟金時豆的善哉250日圓

常會有人在店前面排隊

一整年都很溫暖的沖繩，冰品種類十分豐富。

被剛烤好的麵包香味所吸引
話題麵包店

在沖繩，麵包店咖啡廳正急速增加中。
時尚的店內空間加上整排的迷人麵包，
也很推薦在兜風途中來小憩一下。

用柴燒窯烘烤的天然酵母麵包

宗像堂 ‖宜野湾‖ むなかたどう

使用數種酵母製作、用柴燒窯烘烤的麵包，越吃越能感受到麵包本身的甜味。也有使用了伊江島產的麵粉、發酵薑黃、田芋等麵包。

☎098-898-1529
🏠宜野湾市嘉数1-20-2 ⏰10:00～18:00
🈺週三 🅿有 ‼西原IC車程1km MAP 146 B-4

1黑糖起司紅豆餡麵包各216日圓 2以白色為基調的店內，陳列著剛烤好的麵包 311:00左右是麵包出爐的時間 4披薩各378日圓 5季節馬芬各324日圓

各種味道豐富的麵包
都很齊全

什麼是天然酵母？

主要是指用穀物和果實等原料，自然產生的酵母。所謂的酵母則是指微生物，培養自然附著在原料上的微生物，用來製作麵包。

蜂蜜的甜味和起司非常搭配

1 蜂蜜&藍起司各300日圓

2 店內充滿了剛出爐的麵包香味 **3** 開放式酪梨三明治950日圓（附沙拉、湯；飲料、飲料費用另外計算）

在可以遠望海洋的高台上品嘗剛出爐的麵包

PLOUGHMAN'S LUNCH BAKERY

‖北中城‖プラウマンズランチベーカリー

位於北中城村郊外國人住宅區的麵包店&咖啡廳，在可以眺望海景的露台座位或是時尚的店內，悠閒的品嘗以自製麵包為主角的早餐或午餐。

☎098-979-9097
🏠北中城村安谷屋927-2 #1735 🕐8:00～16:00
㊡週日 Ⓟ有 🍴北中城IC車程1km MAP 146 C-3

賣點是酥酥脆脆的口感

1 可頌151日圓和核桃麵包216日圓

2 可以吃到小麥甜味的法國麵包各259日圓 **3** 手寫的小廣告牌可愛。鹹麵包的種類也很豐富

代表南部的硬麵包烘焙坊

內田製パン

‖八重瀨‖うちだせいパン

對硬麵包很講究，希望讓客人吃到小麥原本的美味。招牌麵包使用了用葡萄乾培養的酵母烘焙而成，一到15:00左右，麵包出爐時，店內就會擠滿當地的客人。

☎098-998-0322 🏠八重瀨町富盛337
🕐11:00～19:00（售完打烊）㊡週一、二 Ⓟ有
🍴南風原南IC車程5km MAP 155 D-3

沖繩的麵包店受到了全日本的麵包愛好者的注意。

最適合當作午餐
為您介紹沖繩島的當地餐點

在很有情調的舊民宅或是有庭院的獨棟房屋品嘗
大量使用了島上食材的うちなー料理吧！
在懷舊的氛圍中，悠閒的度過。

「うちなー」就是
「沖繩」的意思。

1使用了大量蔬菜的沖繩炒麥麩加上沖繩麵等的套餐，沖繩炒麥麩定食1050日圓 2令人感覺很懷念的舊民宅 3屋頂上有驅邪的風獅爺 4被稱為「雨端」的突出屋簷和支撐雨端的柱子 5配料很豐富的皿麵（中）930日圓

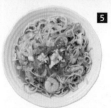

淋上大量的
海鮮芡汁♪

可以看到平靜悠閒的沖繩風景

茶処 真壁ちなー ‖糸満‖ちゃどころまかべちなー

翻新依照風水思想所建造的沖繩舊民宅而成的店，據說建造日期在1891年左右，店鋪和其腹地都已經登錄為有形文化財。除了沖繩麵以外，也可以品嘗到使用了自製香草的花草茶。

☎098-997-3207
🏠糸満市真壁223 🕐11:00～16:00 困週三，每月不定休一日，舊曆盂蘭盆節休 🅿有 ‖那霸機場車程13km MAP 154 C-4

和藍色天空形成強烈對比的紅色屋瓦令人印象深刻

menu
沖繩麵（中）570日圓
沖繩炊飯 210日圓
ちなー御膳 1940日圓
甜點套餐 670日圓

在首里城下的獨棟房屋裡邊眺望庭院邊吃飯

うちな一料理 首里 いろは庭
‖首里‖ うちなーりょうりしゅりいろはてい

在有庭院包圍的獨棟房屋內，放鬆的盡情享受沖繩料理。餐點以定食為主，推薦

午餐時間供應的十道菜套餐，石板定食（只在中午供應）1620日圓。

☎098-885-3666
⚐那霸市首里金城町3-34-5
🕐11:30～15:00、18:00～21:00
㊡週三 Ⓟ有 ‼都市單軌電車首里站車程5分
MAP 145 D-4

充滿沖繩的代表性料理

❶肉質柔軟到入口即化的沖繩東坡肉900日圓 ❷內含沖繩豆腐等10道菜的石疊定食 ❸可以眺望庭院風景的和室空間

❶附前菜的套餐料理為2人份以上 ❷擁有令人懷念氛圍的沖繩房屋

盡情享用山原島的沖繩品種豬肉

お食事処ちゃんや～
‖本部‖ おしょくじどころちゃんやー

周圍被備瀨的福木林蔭大道包圍，屋齡將近50年的舊民宅內的旅館&餐廳。用餐採預約

制度，可以品嘗到山原島的沖繩品種豬肉和牛肉，泡盛酒和紅酒的種類也很齊全。

☎090-6862-4712
⚐本部町備瀨580
🕐11:30～13:00、17:00～21:00
㊡不定休 Ⓟ有
‼許田IC車程30km
MAP 150 B-1

menu
山原島豬肉
陶板燒套餐 3200日圓
山原島豬肉
涮涮鍋套餐 3400日圓

menu
守禮定食（14道菜）
3240日圓
沖繩豬肉味噌湯定食
1080日圓
炸紅芋 540日圓

沖繩的習慣是將進入店裡時端上的熱毛巾，在擦完手後當作杯墊使用。

簡單的大口享用
誕生於沖繩的速食

因為沖繩當地有美軍基地，
所以漢堡和墨西哥捲餅等美式食物十分豐富。
也嘗嘗看只有在沖繩才能吃到的傳統點心吧！

創業至今只賣墨西哥捲餅的專賣店
メキシコ
‖宜野湾‖

墨西哥捲餅4個500日圓

菜單上只有墨西哥捲餅，餅皮外側酥脆芳香、咬下後口感很有彈性，餅皮內則夾著仔細熬煮的自製墨西哥肉醬和蔬菜。

☎098-897-1663 ⌂宜野湾市伊佐3-1-3 🕒10:30～21:00
㊡週三 Ⓟ有 ‖北中城IC車程5km MAP 146 B-4

爽口清淡的豆皮壽司
oinALiAn
‖宜野湾‖オイナリアン

豆皮壽司1個90日圓

豆皮壽司味道清淡的豆皮和帶有酸味的壽司飯非常搭配，本島中部地方的習慣是將豆皮壽司和炸雞一起吃。

☎098-963-9989 ⌂宜野湾市大山6-46-3 🕒9:00～20:00
（售完打烊）㊡無休 Ⓟ有 ‖西原IC車程6km
MAP 146 B-4

使用沖繩縣產食材的本地漢堡
Jef 豊見城店
‖豊見城‖ジェフとみぐすくてん

ぬーやる漢堡392日圓

美式的Drive-in餐廳，加了沖繩苦瓜的蛋捲和午餐肉的ぬーやる漢堡很受歡迎。

☎098-856-1053 ⌂豊見城市田頭66-1 🕒24小時 ㊡無休
Ⓟ有 ‖那覇機場車程3km MAP 140 B-4

受當地人喜愛的熱門餐廳
A&W 牧港店
‖浦添‖エイアンドダブリュまきみなとてん

The A&W漢堡650日圓

可以喝到麥根沙士的速食店，除了漢堡以外，三明治和副餐的辣起司捲曲形薯條也很受歡迎。

☎098-876-6081 ⌂浦添市牧港4-9-1 🕒24小時 ㊡無休
Ⓟ有 ‖西原IC車程4km MAP 146 B-4

沖繩的天婦羅
對沖繩縣民來說炸天婦羅是像點心一樣的東西，推薦在天婦羅店直接吃剛炸好、熱騰騰的天婦羅。

說到沖繩的飯糰就是這個

ポークたまごおにぎり本店
‖那覇‖ポークたまごおにぎりほんてん

豬肉蛋飯糰（油味噌）230日圓

沖繩人喜愛的飯糰，裡面夾著午餐肉和煎蛋捲，最適合在早上趕時間的時候吃，是沖繩的當地美食。

☎098-867-9550 ⌂那覇市松尾2-8-35 ⏱7:00～17:30
㊡週三 Ⓟ無 ♨都市單軌電車牧志站步行10分
MAP 附錄① E-2

加了南瓜的沖繩開口笑

かぼ天の店なかそね
‖沖繩‖かぼてんのみせなかそね

南瓜開口笑1個90日圓

加入了生南瓜的沖繩炸開口笑，外層酥脆、中心鬆軟。在當地是很熱門的店家，常有人為了等待剛炸好的開口笑而排隊。

☎098-932-4109 ⌂沖繩市胡屋6-7-6 ⏱7:00～18:00（售完打烊）㊡週日 Ⓟ有 ♨沖繩南IC車程3km MAP 146 C-3

帶有些許鹹味，鬆軟的點心天婦羅

中本てんぷら店
‖南城‖なかもとてんぷらてん

天婦羅1個65日圓～

鮮魚舖所經營天婦羅店，販售魚類、花枝、水雲藻等數種類的天婦羅，任何時候去都可以吃到現炸的天婦羅，因此也是有人不停排隊的熱門店家。

☎098-948-3583 ⌂南城市玉城奧武9 ⏱10:00～18:30（10～3月為～18:00）㊡不定休 Ⓟ有 ♨南風原南IC車程11km
MAP 155 D-3

90年來持續受到當地人的喜愛

ジランバ屋
‖那覇‖ジランバや

炸彈飯糰2個270日圓

位於公營市場外的魚板專賣店，販售將調味過的米飯用魚漿包起來製成的炸彈魚板飯糰、加了起司的飯糰、加了沖繩苦瓜的飯糰等等，種類豐富。

☎098-863-3382 ⌂那覇市松尾2-9-17 ⏱8:30～18:30
㊡第四個週日 Ⓟ無 ♨都市單軌電車牧志站步行10分
MAP 附錄① E-2

被稱作「エンダー（ENDA）」的A&W，在日本只有沖繩縣有店。

鮮豔的色彩和圖案很吸引人
挑選平常也想使用的紅型雜貨

在燦爛的沖繩陽光照耀下，閃閃發光的花草和生物。
這裡介紹圖案色彩鮮豔的紅型小物。
使用這些小物，讓日常生活變得更華麗。

將以雨滴為主題的「恩賜之雨」，動植物描繪在麻布上或琉球松上，手工染的紅型書籤各1296日圓

在沖繩的木材加上紅型的壁飾「ti-ta（小木板）」各2484日圓～，妝點居家環境。

描繪了桶柑和樹梅果實等圖案的手拿包7776日圓，優雅而成熟。

珊瑚礁圖案的水壺袋2500日圓，配色讓人充滿活力

彩繪在簡單的白色底色上的圖案讓人眼睛一亮，小包包1800日圓

鮮豔的黃色加上古典的牡丹盛開圖案，杯墊各550日圓

將製作者和使用者的心連接起來

tituti OKINAWAN CRAFT

‖那霸‖ティトゥティオキナワンクラフト

由陶藝、紅型、編織物、木工領域的4位藝術家所開設的藝廊商店，陳列著容易使用、能為生活增添色彩的作品。紅型藝術家田中紀子小姐的作品表現了人和動物，在沖繩光線中生活著的感覺。

☎098-862-8184
⌂那霸市牧志2-23-6 ⏰9:30～17:30 ⊗週四
Ⓟ無 ‖都市單軌電車美榮橋站步行5分 MAP 143 D-2

讓人容易想像作品如何使用的陳列方式

附咖啡廳的紅型商店

TIDAMOON

‖南城‖ティダムーン

親自描繪古典圖案、原創圖案的長山紅型工房直營店，設計由沖繩縣工藝士石嶺麻子小姐負責，縫製和雜貨的製作則由妹妹吳屋由紀子小姐負責，製作容易融入日常生活中的小物。

☎098-947-6158
⌂南城市佐敷手登根37 ⏰11:00～18:00（週日～15:00）、咖啡廳～17:30（週日～14:30）⊗週三 Ⓟ有
‖南風原北IC車程10km MAP 155 E-2

同時設有咖啡廳的商店

紅型是沖繩的傳統染織品

型染是使用紙型染出鏤空圖案的方法，筒描則是用擠花袋擠出防止染色的糊漿，描繪出圖案再染色的方法。在琉球王朝時期，只有身份高貴的人才能穿著紅型的衣物。

宏次染工房的紅型圍巾16200日圓，絲質圍巾上描繪的鮮艷九重葛令人印象深刻

紅型耳環，（左）金平糖耳環2500日圓，（右）包扣耳環2800日圓

染織工房バナナネシア的口金包（小）1800日圓、（中）2500日圓、（大）3450日圓，使用棉質材料觸感很好

描繪了傳說能帶來好運的沖繩生活用品「芭蕉扇」和唐草圖案的領結各8500日圓

紅型工房トコトコ的面紙套3200日圓，多彩的繡梔花能為生活多添添一分色彩

多彩的設計十分引人注目iPhone保護殼各2900日圓

提出點子「想辦法」過愉快的生活

kufuu

‖宜野湾‖クフウ

縣內的藝術家為了展現作品魅力而開設的精品店，展示如何將作品使用在生活上和平常的使用方法等。從傑出的作品中，可以感受到沖繩工藝品的美。

☎098-890-4095
⌂宜野湾市大山2-22-18 1F
🕐10:00～18:00
㊡週三、四 🅿有
‼西原IC車程5km
MAP 146 B-4

店鋪格局讓人期待打開門的那一刻

在日常生活中加入紅型

城紅型染工房

‖浦添‖ぐすくびんがたそめこうぼう

以製作反映時代潮流的紅型雜貨為目標，創業至今已經45年的老店，陳列著生活中容易使用的小物。由繼承了雙親手藝的姐妹所開設，也有很多女性會喜歡的飾品和包包等原創商品。

☎098-887-3414
⌂浦添市前田4-9-1 🕐10:00～18:00
㊡週日 🅿有 ‼西原IC車程3km
MAP 141 F-1

工房也設有藝廊

也有可以體驗紅型染的工房，事先好好調查一下吧！

由當地的女性藝術家所製作
充滿幸福感的少女心商品

激起人們少女心的可愛小物，
每一個都是可以當作旅行紀念的傑作。
如此可愛的小物也很適合當作伴手禮。

以南國水果為主題的迷你托特包3240日圓，內側縫有口袋，使用起來很方便

片狀巧克力形狀的筆盤，有可可巧克力和白巧克力2種，巧克力筆盤各2160日圓

用木頭製成的

有溫度的圓潤容器，gift點點2880日圓

以獨特筆觸表現海洋生物，文庫本大小的書套1620日圓

熱帶南國水果圖案的口金包3240日圓，寬底設計讓人很開心

設計美麗、纖細而透明的容器，甜點杯（小）3290日圓

令人興奮的熱帶風情設計

MIMURI ‖那霸‖ミムリ

織品設計師MIMURI小姐的工作室兼商店。以沖繩的生物、植物、水果為主題，描繪著鮮艷圖案的織品光是看著就心情愉快。包包和小物的種類也很豐富。

☎ 050-1122-4516
🏠 那霸市松尾2-7-8
🕐 11:00～19:00 休 週四
🅿無 ‖都市單軌電車牧志站步行10分
MAP 附錄① D-2

店內色彩繽紛而熱鬧

有溫度的木工和玻璃作品

ROBOTZ ‖那霸‖ロボッツ

木工藝術家和玻璃藝術家的國吉夫婦的店，店內由木材作品和玻璃作品組成，可以遇見充滿手作溫度的作品，店內販售著原創家具、傢飾、玻璃製的餐具等商品。

☎ 098-863-6353
🏠 那霸市辻1-5-25
🕐 13:00～19:00
休 週日～四 🅿無
‖都市單軌電車旭橋站步行10分 MAP 142 B-3

在照射入店內的陽光下閃閃發亮的玻璃製品

作為旅行的回憶…

如果能夠找到讓人在日常生活中，忍不住想起在沖繩旅行時的回憶的作品就太好了，買下在旅行途中相遇的真命小物和器具，把沖繩的一部份帶回家吧！

MIREI的基本款商品，房子型筆記本各1404日圓

在月桃紙手工蓋上原創印章製成，月桃明信片各180日圓

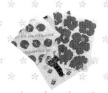

描繪著沖繩開口笑和朱槿等圖案，多彩鮮豔的原創手拭巾各880日圓

速乾材質的T恤，（左）七分袖3800日圓、（右）短袖3600日圓

可愛的圖案和故事讓人覺得很溫馨，繪本『小通和小棉被（とんちゃんふとんちゃん）』1620日圓

羊毛不織布徽章，（左上）鯨鯊徽章1300日圓、（右上）山原水雞徽章900日圓、（下）山羊徽章1500日圓

周遭的小物帶來好心情

RENEMIA ‖那霸‖レネミア

寬闊的空間中展示了沖繩的工藝品、藝術商品、衣服、化妝品、食品等等。插畫家MIREI小姐的展示區比店內其他角落更豐富，讓人心情平靜。也可以在附設的咖啡廳小憩。

☎098-866-2501
🏠那霸市牧志2-7-15 🕐14:00～19:00(咖啡廳～18:00)
🈺週日 🅿無 🚋都市單軌電車牧志站即到 MAP附錄① G-2

優雅時尚的空間

本部町的手作不織布商店

島しまかいしゃ ‖本部‖しましまかいしゃ

店內以沖繩的動物和植物為主題的不織布雜貨，都是用手工一個一個細心製作而成，連細微表情都仔細的製作，讓人越看越覺得可愛。熱門商品是羊毛不織布徽章，也有販售手拭巾和明信片等商品。

店面位於本部町營市場內

☎090-3794-8267 🏠本部町渡久地4 本部町營市場內 🕐11:00～18:00 🈺不定休 🅿有 🚗許田IC車程23km MAP150 B-2

説不定會在陳列著許多藝術家作品的選貨店內，找到新的喜歡的藝術家。

被植物和海洋組成的大自然包圍
雅緻舒適的旅館

這次的旅行步調想要放得比往常更慢、更隨性，
這種時候最適合下榻在小旅館了。
感受沖繩的風，渡過平靜的島嶼時光吧！

❶無邊際游泳池的開放時間是4月下旬到10月下旬 ❷躺在海灘椅上度過悠閒的時光 ❸住宿所需要的設備都很齊全 ❹淺海就在眼前 ❺有特大型雙人床房和好萊塢雙床房可以選擇

在面海的度假別墅度過奢侈的片刻時光

chillma ‖ 今帰仁 ‖ チルマ

度假別墅風格的小民宿，民宿前面就是廣闊的蔚藍海洋，四間客房都可以看到海景，面積也都是52平方公尺以上，客房內還有客廳、廚房、寢室、景觀浴室。在無邊際的游泳池可以體驗到和海洋融為一體的感覺，充分享受渡假氣氛。

☎0980-56-5661
⌂今帰仁村運天506-1
🕐IN15:00 OUT11:00 🛏4間
🅿有 🚶許田IC車程24km
MAP 151 E-2

費用專案
・連續住宿 純住宿1泊 15500日圓～（2人1間／1人的費用）
・只住一晚 純住宿1泊 16500日圓～（2人1間／1人的費用）

❶位於別棟建築的客廳空間 ❷早餐使用了大量當季水果、當地蔬菜 ❸客房裝潢以峇里島為概念，附有罩頂紗帳的床睡起來很舒服

❶頂樓露台按摩池能遠眺沉入水納島的夕陽 ❷客房的木製地板露台 ❸也有附罩頂紗帳床鋪的客房，客房氛圍簡單而平靜

為了成熟女性而建的隱密度假別墅

villa suara nakijin ‖今帰仁‖ヴィラスアラナキジン

以今歸仁村的小森林為背景而建造。住宿只接受國中以上的女性1〜2位，非常適合成熟女性旅行時住宿的獨棟包租別墅。料理使用了新鮮蔬菜和水果，還可以親近沖繩的大自然，最適合想要好好享受住宿時光的人。

☎090-5268-2272
⌂今帰仁村与那嶺223-3
⏰IN15:00 OUT11:00
🛏1間 Ｐ有 🍴許田IC車程25km MAP 151 D-1

費用專案
・1泊附早餐9500日圓（2人1間／1人的費用）
・純住宿1泊 8500日圓（2人1間／1人的費用）

限定大人住宿，氣氛悠閒的飯店

FOUR ROOMS ‖本部‖フォールームス

建於瀨底島，僅有4間客房的郊區小別墅風格度假別墅，露台備有吊床和海灘椅，頂樓還設有按摩池，能讓人忘記時間，度過悠閒安靜的假日。晚餐則可以享受到使用了沖繩食材的義大利菜。

☎0980-47-3404（住宿日期的三個月前開始接受預約，只接受大人2人1組的預約）
⌂本部町瀬底4588-1
⏰IN16:00 OUT10:30 🛏4間
Ｐ有 🍴許田IC車程24km
MAP 150 A-3

費用專案
・1泊2食13850日圓（2人1間／1人的費用）

住宿離市區較遠的旅館時，要事先確認好吃飯和購物的地方。

在高級的度假飯店
悠閒度過優雅的島嶼時光

邊遠眺海面邊享受護膚美容、或是在露台讀書，
在度假飯店的時間可以隨性所至。
忘卻日常生活的喧囂，在度假飯店內度過幸福的假日吧！

一覽讀谷的海洋、天空與樹林

沖繩ALIVILA日航度假酒店

‖讀谷‖ ホテルにっこうアリビラ

位於Nirai海灘對面，西班牙殖民地的裝潢風格，讓人感覺就像住在南歐度假村一般。館內裝飾著充滿異國情調的繪畫和立體藝術作品，餐廳、商店和游泳池等設施也很齊全。

費用專案
・高級客房1泊附早餐23760日圓（2人1間／1人的費用）
・高級海景庭院客房1泊附早餐25920日圓（2人1間／1人的費用）

☎098-982-9111 ⌂讀谷村儀間600 ⏰IN14:00 OUT11:00 🏠396間
Ⓟ有 🚗石川IC車程13km ⓂⒶⓅ146 A-1

1拱形迴廊讓人覺得像身處海外度假勝地 2飯店前就是透明清澈的Nirai海灘 3早餐名列日本國內第一 4高級海景庭院客房以明亮的色調為特徵

鄰近沖繩美麗海水族館

Orion本部渡假SPA飯店

‖本部‖

飯店建築以大型郵輪為設計概念，12層高的所有客房都可以一覽伊江島景色。全部的客房皆設有可以眺望海景的陽台，並分為海洋棟，和16歲以上才能入住的俱樂部棟兩個部分。可以享受溫泉、游泳池、海洋療法SPA等豐富設施。

☎0980-51-7300 ⌂本部町備瀬148-1
🕐IN14:00 OUT11:00 🛏238間
🅿有 🍴許田IC車程28km
MAP 150 B-1

費用專案
・1泊附早餐14200日圓～（2人1間／1人的費用）
・海洋的恩賜「琉球美湯治滋潤護膚」專案1泊附早餐24300日圓～（2人1間／1人的費用）

■4～10月開放的戶外游泳池 ❷從飯店大廳和客房陽台可以眺望伊江島和祖母綠的海景 ❸寬敞室內兩張床並排的好萊塢雙床雙人房

體驗國際品牌的服務品質

沖繩北谷希爾頓度假酒店

‖北谷‖ヒルトンおきなわちゃたんリゾート

購物或觀光都很方便的度假飯店，從客房可以遠眺美麗的北谷海景和沉入水平線的夕陽景色。飯店內有設有滑水道的戶外游泳池、餐廳、SPA、健身房等豐富設施，也可以體驗海灘活動。

☎098-901-1111
⌂北谷町美浜40-1
🕐IN14:00 OUT11:00 🛏346間
🅿有 🍴沖繩南IC車程6km
MAP 146 A-3

■能欣賞到夕陽景色的飯店大廳 ❷設有滑水道的戶外游泳池 ❸慢慢享用早餐的幸福片刻

費用專案
・1泊附早餐29514日圓（1泊1房的費用）
・〔從早餐就開始享受沖繩食材！〕簡單住宿 附約60種類以上的自助式早餐14455日圓～（2人1間／1人的費用）

如果要從機場直接到飯店入住，可以搭乘利木津巴士。

滿足旅心
祖母綠的海灘

淺海的透明藍色、岩礁海岸的寶藍色、
深藍色到祖母綠的漸層，
來到沖繩就是要到海邊玩對吧

地點絕佳的熱門海灘
瀨底海灘 ‖ 本部 ‖ せそこビーチ

位於本部半島外海的瀨底島，長約
700公尺的天然海灘。和沖繩本島之
間由瀨底大橋連接，可以開車前往。

☎0980-47-7000（限開放期間中）
🏠本部町瀨底5583-1 休開放期間無休
P有 ♨許田IC車程25km
MAP 150 A-3

【海灘資訊】
開放游泳期間 4月下旬～10月中旬／開
放游泳時間 9:00～17:00（7～9月～
17:30）／入場費用 免費／廁所 免費／
淋浴間 冷水300日圓、溫水500日圓／
更衣室 免費／置物櫃 200日圓

擁有私人海灘般的氛圍
Muruku海灘 ‖ うるま ‖ ムルクはま

位於濱比嘉島東部的天然海灘，除了
可以享受海水浴以外，也有很多人是
為了水上休閒活動而來，淋浴間等設
備也很完善。

☎098-973-1800（藍色公路）
🏠うるま市勝連比嘉202
休開放期間中不定休 P有
♨沖繩北IC車程20km MAP 147 F-3

【海灘資訊】
開放游泳期間 4月下旬～10月下旬／開
放游泳時間 9:30～17:00／入場費用 免
費／廁所 免費／淋浴間 冷水、溫水皆
200日圓／更衣室 免費／置物櫃 無

可以欣賞到自然的鬼斧神工和熱帶魚
Tinu海灘 ‖ 今帰仁 ‖ ティーヌはま

位於古宇利島北部的天然海灘，海水
的透明度高，淺海棲息著熱帶魚。看
起來像是心形的「心形礁岩」很受歡
迎。

☎0980-56-2256（今歸仁經濟課）
🏠今歸仁村古宇利 休無休 P有
♨許田IC車程31km
MAP 151 E-1

【海灘資訊】
開放游泳期間 整年／開放游泳時間 自由
入場／入場費用 免費／廁所 免費／淋浴
間 冷水300日圓／更衣室 無／置物櫃 無

接下來，要怎麼玩呢？
除了海水浴以外，也可以撿拾海灘的漂流物、做海灘瑜珈等等，不用特別準備什麼也可以享受在海灘遊玩的樂趣。

1 可以遠眺伊江島和水納島（瀬底海灘）
2 海水出眾的透明度（瀬底海灘）
3 沉醉在夕陽美景之中（瀬底海灘）
4 安靜悠閒的寧靜海灘（Muruku海灘）
5 心型礁岩是海灘的標誌（Tinu海灘）
6 樹蔭下的露天座位是特等席（Mission海灘）
7 夕陽將整片海洋都染成橘紅色（Araha海灘）
8 粗糙的岩石和整片的珊瑚礁（新原海灘）
9 散步道和廣場草皮都鋪設的很完善（Araha海灘）

像是在私人海灘一樣悠閒放鬆
Mission海灘 ‖恩納‖
周圍被岩石包圍，有整片的綠草皮和白沙灘，設有更衣室和淋浴間，也可以體驗水上活動。

☎098-967-8802
🏠恩納村安富祖2005-1 ㊡開放期間無休
Ⓟ有 🚻許田IC車程7km
MAP 148 C-2

海灘資訊
開放游泳期間 4月下旬～10月下旬／開放游泳時間 9:00～18:00／入場費用 300日圓／廁所 免費／淋浴間 冷水免費、溫水300日圓／更衣室 免費／置物櫃 無

在天然海灘邊散步
新原海灘 ‖南城‖ みーばるビーチ
淺海的天然沙灘，白色的沙灘全長約2公里。海上有透明底觀光船行駛，退潮時則可以撿拾貝殼和觀察生物。

☎098-948-1103(新原海洋中心) 🏠南城市玉城百名1599-6 ㊡無休
Ⓟ有 🚻南風原南IC車程10km
MAP 155 E-3

海灘資訊
開放游泳期間 整年／開放游泳時間 8:30～16:30／入場費用 免費／廁所 免費／淋浴間 冷水、溫水300日圓(附設更衣室)／置物櫃 200日圓～(淋浴間&更衣室&置物櫃只在夏季開放)

因可以看到美麗夕陽而出名
Araha海灘 ‖北谷‖
位於安良波公園內，是充滿美式氛圍的人工海灘，白色沙灘全長610m，因為是可以看到夕陽美景的景點而很受歡迎。

☎098-926-2680 (開放期間)
🏠北谷町北谷2-21 ㊡開放期間中無休
Ⓟ有 🚻北中城IC車程5km
MAP 146 B-3

海灘資訊
開放游泳期間 4～10月／開放游泳時間 9:00～17:30(依時期不同而會有變動)／入場費用 免費／廁所 免費／淋浴間 冷水100日圓／更衣室 免費／置物櫃 200日圓

沖繩多是淺海的海灘，如果想要看到蔚藍的海洋，要事先查好潮汐時間，看準滿潮前後的時間去。

緬懷琉球王國時代
造訪世界遺產和絕景吧！

造訪已經登錄為世界遺產的御城，
和以藍色大海為背景的絕景，
追懷沖繩悠久的歷史吧！

1 由13世紀九個城郭遺跡構成的今歸仁城跡 **2** 「主郭」是過去中心建築所在的地方，現在也保留了多數當時使用的基石（今歸仁城跡）**3** 今歸仁城的正門——平郎門 **4** 座喜味城跡的石牆和綠色植物的相互映照，十分美麗 **5** 沖繩最古老的石造拱門（座喜味城跡）**6** 勝連城跡看起來像是一艘巨大的船，從下往上看十分具震撼力 **7** 像是要通往天上的階梯，在最上階可以看到360的全景（勝連城跡）**8** 在120m的懸崖上一覽祖母綠的海洋（果報崖）

今歸仁城跡
座喜味城跡
果報崖
勝連城跡

參加導覽解說行程（今歸仁城跡、勝連城跡）吧！
常駐的導覽解說員會解說城內的構造和歷史，今歸仁城跡當日即可免費參加；勝連城跡則要在一週前預約，費用1～2人1000日圓。

回到遙遠的三山時代

今歸仁城跡 ‖今歸仁‖なきじんじょうあと

今歸仁城是三山時代統治本島北部的北山王居城，用岩石堆成的城跡配合自然的地形，形成了美麗的圓弧狀。城牆長達1.5km，可和首里城匹敵。

☎0980-56-4400（今歸仁村御城交流中心）⇧今歸仁村今泊5101 ⏰8:00～18:00（5～8月は～19:00）㊡無休 ¥入場費用400日圓（和歷史文化中心共通）Ⓟ有 ‼許田IC車程26km ⓂⒶⓅ150 C-1

可看出築城家超群技藝的屏風狀御城

座喜味城跡 ‖讀谷‖ざきみじょうあと

由著名築城家護佐丸在15世紀前半建築而成，琉球石灰岩切石砌成的石牆上的拱門，使用了鑲入了楔石以增強強度等建築手法。

☎098-958-3141（讀谷村立歷史民俗資料館）⇧読谷村座喜味708 ⏰自由參觀 Ⓟ有 ‼石川IC車程12km ⓂⒶⓅ146 B-1

悠然聳立於東海岸的勇將居城

勝連城跡 ‖うるま‖かつれんじょうあと

勝連城是農民出身的傳說名將阿麻和利的居城，復元後可以看到曲線優雅的梯郭式城壁。勝連城跡位於勝連半島的高台上，在城頂可以一覽中城灣。

☎098-978-7373 ⇧うるま市勝連南風原3908 ⏰自由參觀、休息區9:00～17:30 ㊡休息區無休 Ⓟ有 ‼沖繩北IC車程8km ⓂⒶⓅ147 D-3

太平洋景色一覽無遺的絕佳景點

果報崖 ‖うるま‖かふうバンタ

位於宮城島命之鹽製鹽工場腹地內，被稱為「幸福的海岬」，和「龍神風道」、「三天御座」的御嶽同樣是能量景點，而很受矚目。

☎098-983-1140（命之鹽觀光製鹽工場）⇧うるま市与那城宮城2768 ⏰9:00～17:30 ㊡無休 ¥免費入場 Ⓟ有 ‼沖繩北IC車程25km ⓂⒶⓅ147 F-2

今歸仁城跡、座喜味城跡和勝連城跡已登錄為世界遺產，正式名稱是「琉球王國之城跡及相關遺產群」。

備瀨 P.100   座間味島 P.132   殘波岬 P.85

沖繩味的風景 ①

積極的進行水上活動雖然也不錯，
但在寧靜的隱密海灘上，
度過平靜悠閒的時光也很好。
漫步在海浪拍打的沙灘上、
靜靜的踩著海浪、
或者只是望著海面發呆，
都能發現海洋全新的魅力。
深藍色、淺藍色、天藍色、祖母綠，
大海有這麼多種不同的顏色。
忍不住讓人想「今天一整天就跟大海一
起度過吧！」

海邊的茶屋 P.123   Muruku海灘 P.36   新原海灘 P.37

那霸 · 首里

那霸位於沖繩的中心，
聚集了時尚的精品店和伴手禮商店，
還有很多可以品嘗到沖繩料理、沖繩麵和南國獨特海產的餐廳。

再走遠一點到首里，則可以在首里的石板路和老街裡，
感受琉球王朝的氛圍。
在城下町、首里散步後，
在期待已久的店裡盡情享用沖繩料理吧！

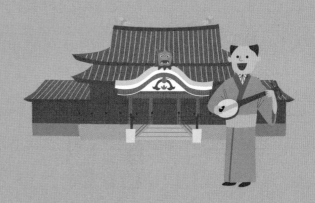

沖繩最熱鬧的街道
到國際通走走逛逛吧

在沖繩最繁榮的國際通內什麼都有，
不論是購物還是用餐，都充滿樂趣。
出門散步，盡情享受旅行氣氛吧！

整個繞上一圈
2小時

11
21

建議出遊的時段

可以將車子停在周圍的停車場走過去，或搭都市單軌電車到縣廳前站或牧志站再走過去都很方便。行李可以寄放在那霸市觀光服務處（MAP 43）（1日500日圓），一身輕便的逛街。

御菓子御殿的生紅芋塔

1道路兩側並排著很多店家
2開到很晚的商店也不少
3牧志站附近的巨大風獅爺
4實施「大眾運輸與行人專用區」的日子有機會看到沖繩傳統遊行

值得信賴的伴手禮殿堂
わしたショップ 国際通り本店
わしたショップこくさいどおりほんてん

從沖繩本島和離島嚴格挑選了3000件特產商品，種類豐富，從常見的伴手禮到新商品都一應俱全。

☎098-864-0555 ⌂那霸市久茂地3-2-22
⏰10:00～22:00 ㊡無休 Ｐ有
‼都市單軌電車縣廳前站步行3分
MAP 附錄① B-2

二樓附設「沖繩美麗海水族館特產直銷商店うみちゅら」

購買紅芋點心當作伴手禮
御菓子御殿 国際通り松尾店
おかしごてんこくさいどおりまつおてん

元祖紅芋塔的工廠兼直營店。吃起來口感更加滑順的生紅芋塔180日圓，最近很受歡迎。

☎098-862-0334 ⌂那霸市松尾1-2-5
⏰9:00～22:00（8、9月～22:30），餐廳11:00～21:00（8、9月～21:30）
㊡無休 Ｐ無 ‼都市單軌電車縣廳前站步行3分 MAP 附錄① B-2

聳立在國際通內的紅漆外觀很醒目，二樓設有餐廳。

用NAHA ART MAP來確認

刊載了約40間精品店、咖啡廳和藝廊等店面資訊的免費刊物，詳細資訊請上NAHA ART MAP PROJECT的官網 MP http://www. artokinawa.com

那霸／到國際通走走逛逛吧

集結了充滿沖繩風情的路邊攤
国際通り屋台村
こくさいどおりやたいむら

由離島マルシェ等20間店排成一列的商店街，也可以和其他客人攀談，享受路邊攤獨有的樂趣。

☎依店舖而異 ⇧那霸市牧志3-11-16・17 ⊙依店舖而異 困依店舖而異 ‼都市單軌電車牧志站步行5分 P無 MAP附錄① F-2

有各式各樣的和式、西洋、中華料理店，提供以沖繩食材為主的料理。舞台則會舉辦演唱會或是活動。

海想原創紙膠帶各486日圓

能變身成沖繩風格的商品
琉球ぴらす 浮島通り店
りゅうきゅうぴらすうきしまどおりてん

販售當地藝術家設計的T恤和手拭巾等等，旅行中方便使用的道具一應俱全。

☎098-863-6050 ⇧那霸市松尾2-5-36 ⊙11:00〜20:00 困不定休 P無 ‼都市單軌電車縣廳前站步行10分 MAP附錄① D-2

手工雕刻圖案的夾腳拖（海灘拖），島海灘拖鞋2376日圓

集結了沖繩街上的好東西
ショップなは

販售從那霸市內精心挑選的伴手禮，種類豐富，以78（那霸日文諧音）為主題的原創商品也很受歡迎。

☎098-868-4887(那霸市觀光服務處) ⇧那霸市牧志3-2-10 てんぶす那霸 1F ⊙10:00〜20:00 困無休 P有 ‼都市單軌電車牧志站步行5分 MAP附錄① F-2

那霸酥餅8片入842日圓，有紅芋、黑糖、黑芝麻和抹茶四種口味

以沖繩自然為主題的設計
海想 国際通り店
かいそうこくさいどおりてん

守護留給後代子孫的沖繩生物和文化，店內販售以這個概念製作而成的原創商品，也有販售藝術家的作品。

☎098-863-7117 ⇧那霸市牧志2-7-22 コスモビル 1F ⊙10:00〜22:00(7、8月〜23:00) 困無休 P無 ‼都市單軌電車牧志站即到 MAP附錄① G-2

使用沖繩的素材和萬座海域的海洋深層水所製成，手工無添加肥皂100g各864日圓

國際通每週日12:00〜18:00會實施「大眾運輸與行人專用區」措施，這段時間內行人優先，道路也只有大眾運輸工具可以通行。

43

美食巡禮&小憩片刻最適合
國際通周邊的南國冰品

國際通周邊有很多義式冰淇淋店和甜點店，
大太陽下的刨冰和冰淇淋吃起來總是特別美味。
這裡將介紹能讓人放鬆休息一下的南國冰品。

大量使用當季食材的冰沙
Vita Smoothies
ビタスムージーズ

冰沙各600日圓

使用了大量各種色彩鮮艷的水果和蔬菜的新鮮冰沙店，主要使用產自沖繩的當季食材，店內約有20種以上的期間限定冰沙等商品。

☎098-863-3929 ⌂那覇市牧志2-17-17 まきしビル 1F
🕙10:30～19:30 ㊡週二 Ⓟ無 🚈都市單軌電車美榮橋站即到 ⅯⱯⱣ143 D-2

嶄新的綿密口感台灣冰品
雪花の郷
しぇーほぁのさと

雪花冰金銀財寶600日圓

既不是冰淇淋也不是刨冰，吃起來像是粉狀的雪，口感相當鬆軟，椰子的甘甜香味在口中擴散開來，入口即化。

☎098-866-4300 ⌂那覇市牧志2-12-24 🕙10:30～19:00
㊡週三不定休 Ⓟ無 🚈都市單軌電車牧志站步行7分
ⅯⱯⱣ附錄① F-1

雪鹽特產直銷商店
宮古島の雪塩 国際通り店
みやこじまのゆきしおこくさいどおりてん

雪鹽霜淇淋380日圓

霜淇淋加入了宮古島特產「雪鹽」，帶有溫和的鹹味，很受歡迎。灑在霜淇淋上的鹽約有10種可供選擇。店內也販售以雪鹽製成的點心和雪鹽化妝品。

☎098-860-8585 ⌂那覇市久茂地3-1-1 🕙10:00～22:00
㊡無休 Ⓟ無 🚈都市單軌電車縣廳前站步行3分
ⅯⱯⱣ附錄① A-2

豪邁的品嘗芒果
MANGOCAFEわしたショップ店
マンゴーカフェわしたショップてん

芒果果肉霜淇淋680日圓

芒果甜點專賣店，放入大量芒果果肉的霜淇淋和冰沙很受歡迎，一年四季都可以吃到使用芒果的甜點。

☎098-861-1947 ⌂那覇市久茂地3-2-22 わしたショップ 国際通り本店 1F 🕙10:00～22:00 ㊡無休 Ⓟ無 🚈都市單軌電車縣廳前站步行3分 ⅯⱯⱣ附錄① B-2

坐著好好休息

雖然邊吃冰品邊逛國際通也不錯，但是想要坐下好好休息的時候，也很推薦去街上的咖啡廳 ☞P.56。

保留食材原味，令人感動的義式冰淇淋
Fontana Gelato
フォンタナジェラート

義式冰淇淋（兩球杯裝，百香果和芭樂口味）430日圓

位於國際通上的店，標誌是土耳其藍的招牌。店內陳列著約16種自製的義式冰淇淋，帶有沖繩風味的口味很受歡迎。

☎098-866-7819 ⌂那霸市牧志2-5-36 ◐10:00～21:30 㑹無休 🅿無休 ‼都市單軌電車牧志站步行5分 MAP 附錄① F-2

對身體有益的義式冰淇淋
South & North +
サウスアンドノースプラス

義式冰淇淋（兩球杯裝，芒果和島豆腐口味）450日圓

依照口味不同，分別使用沖繩生產的牛奶或是北海道生產的牛奶。義式冰淇淋使用沖繩縣內各地，包含離島的食材，全部共有20種口味。

☎070-5417-0723 ⌂那霸市牧志3-11-16 國際通り屋台村內 ◐11:00～23:00 㑹無休 🅿無 ‼都市單軌電車牧志站步行5分 MAP 附錄① F-2

將當季水果做成義式冰淇淋
H&Bジェラ沖繩 牧志店
エイチアンドビージェラおきなわまきしてん

義式牛奶冰淇淋（3球）500日圓

將沖繩的當季水果和義式牛奶冰淇淋混合，讓水果濃厚的甜味吃起來更明顯。加入直接混入芒果果肉的芒果義式冰淇淋很受歡迎。

☎090-8708-9047 ⌂那霸市松尾2-10-1 第一牧志公設市場2F ◐10:00～18:00 㑹第四個週日、舊曆新年、舊曆盂蘭盆節 🅿無 ‼都市單軌電車牧志站步行10分 MAP 附錄① E-2

講究使用沖繩縣產食材的自製冰淇淋
沖繩まんまるカフェ むつみ橋通り店
おきなわまんまるカフェむつみばしどおりてん

まんまる冰淇淋270日圓

店內販售加了酥脆金楚糕的冰淇淋，可以享受到金楚糕脆脆的口感，除此之外，也販售使用了沖繩縣產黑糖、紅芋和水果的冰淇淋，全部共有6種口味。

☎098-867-7708 ⌂那霸市牧志3-1-1 ◐11:00～20:00 㑹無休 🅿無 ‼都市單軌電車牧志站步行10分 MAP 附錄① E-2

那霸／南國冰品

沖繩的夏天非常炎熱，冰淇淋和義式冰淇淋溶化得很快，吃的時候注意不要沾到衣服了。

以自由想法創造出的雜貨
來尋找可愛的雜貨吧！

和喜愛的東西相遇的機會一生只有一次，
遇到了令人心動的商品時，不買回家不行。
這裡將介紹或許能遇到那個命中註定雜貨的選貨店。

尋找可愛雜貨時不可錯過的
獨棟建築店家

ci.cafu的驅邪耳環
4320日圓

toncati的小盒子2000日圓

琉球玩具Roadworks
的琉球紙偶企鵝 各
1080日圓

在小小的空間裡
和手作商品面對面

銀製墜子[umi]（中央）
2400日圓

工房いろは的霧面馬克杯
3240日圓

MITSU PRINT的
手拭巾1200日圓

tuitree
トゥイトゥリー

雜貨店由小而雅致的舊民宅
改裝而成，店內販售以沖繩
傳統圖案為主題的飾品、紙
偶、陶瓷器和有機食品等商
品，充滿了女性會喜歡的東
西。

☎098-868-5882 ⌂那霸市牧
志1-3-21 ⏰12:00〜19:00 休
週三、四 Ｐ無 🚃都市單軌電
車美榮橋站步行7分 MAP附錄①
E-1

1陳列著很有品
味的商品 **2**位
於新天堂通內

MAXI MARKET
マキシマーケット

約三坪大的店內陳列著沖繩
縣藝術家所作的陶瓷器、琉
球玻璃、T恤等作品，有著
手工溫度的作品，每一個都
想在日常生活中使用。

☎098-863-3534 ⌂那霸市牧
志3-15-51 ⏰12:00〜20:00 休
不定休 Ｐ無 🚃都市單軌電車
牧志站即到 MAP 143 E-2

1感覺能夠找到
喜歡的商品 **2**離都市單軌電
車牧志站很近

傳說中的「裏」國際通

國際通周邊的三條街道：新天堂通、浮島通、櫻坂中通，聚集了很多時尚雜貨店。

具現代感的工藝品能為生活增添一抹色彩

LANTANA蝴蝶和花耳環
9180日圓

島袋克史的杯子3024日圓～、淺盤4104日圓～

おおやぶみよ的
SPICA玻璃杯（左）
3240日圓

GARB DOMINGO

ガーブドミンゴ

店內販售精心挑選過的器皿和玻璃製品，皆是由沖繩縣出身或是和沖繩有關係的藝術家所製作，此外，蠟燭和果醬等有機商品種類也很豐富。二樓展示販售以日常生活為概念製作的器皿。

☎098-988-0244 ⌂那覇市壺屋1-6-3 ⏰9:30～13:00、15:00～19:00 休 週三、四 P 無 👣都市單軌電車牧志站步行15分 MAP 附錄① E-3

1展室陳列也充滿品味 2在壺屋通的附近

感性出眾的當紅藝術家雜貨

rimoco*rimoco的微笑人羊毛不織布吊飾各1080日圓

琉球帆布的船型托特包
pokke104 16200日圓

包裝色彩鮮豔的可愛盒裝金楚糕12入745日圓

沖縄の風

おきなわのかぜ

由當紅的當地藝術家約40人所設立，在店內可以遇見新奇的雜貨。原創品牌「琉球帆布」也有販售和年輕藝術家合作的包包等商品。

☎098-943-0244 ⌂那覇市牧志2-5-2 ⏰11:00～20:00(7～9月は～22:00) 休 無休 P 無 👣都市單軌電車牧志站步行5分 MAP 附錄① F-2

1店內陳列著可愛的沖繩雜貨 2藍色與白色的店面非常可愛

邊聽商店店員介紹作品和藝術家，邊挑選作品也非常有趣。

精心挑選特別的伴手禮
在國際通選購伴手禮

尋找送給朋友的伴手禮也是旅行的樂趣之一。
邊想像收到的人高興的表情，
邊找尋既美味，包裝設計也很講究的精緻伴手禮吧！

吃得到大塊
果肉的果醬

A

（左）成熟KIRAKIRA 桶柑果醬324日圓
（右）成熟KIRAKIRA 芒果醬421日圓

大量使用沖繩縣產水果製成的濃郁
果醬，可以品嘗到水果本來的甜味
和香氣，味道豐富。南國獨有的水
果果醬最適合買來當作伴手禮。

無添加物的
手工金楚糕

B

一口金楚糕（紅芋、咖啡、蕎麥粉）
10個入各170日圓

使用了蕎麥粉的金楚糕非常少見，
當成伴手禮應該能夠引起話題。一
口大小的尺寸也很適合當作伴手
禮。

加入沖繩香味的
咖啡

C

風味珈琲（月桃、朱槿、黑糖）
8g各162日圓

將沖繩產的素材和咖啡粉混合而成
的濾掛式咖啡，完整的保留了素材
的香味，可以同時享受到素材的香
味和咖啡的甘甜和酸味。

芳香的
豆類點心

D

Nantiti 50g
345日圓

以加了胚芽的麵粉包裹黑糖風味的
夏威夷豆和椰奶烘烤而成的圓形點
心，吃一口香氣便會充滿整個口
中。

一口大小的
芝麻點心

E

芝麻貓頭鷹17g
108日圓

以火爐烘焙黑芝麻和夏威夷豆而成
的點心，特點是酥脆的口感，也加
了少量的黑糖，因此吃起來也會有
微微的甜味。

用豆渣製作的
健康點心

F

鹽粒島豆腐豆渣點心棒
100g360日圓

烤得脆硬的點心棒，吃得到溫和的
豆渣甜味和香氣，灑在表面的鹽粒
讓點心棒吃起來更甘甜。

金楚糕是什麼？

金楚糕是從琉球王朝時代流傳至今的沖繩代表性點心，以麵粉、砂糖、豬油為原料烘烤而成，口感像餅乾一樣酥脆，帶有溫和的甜味。

對香草的妖精
一見鍾情

G

宮古島花草茶（綠薄荷、檸檬草、綜合）
各432日圓～

花草茶使用宮古島無農藥田所栽種的花草，由插畫家MIREI所繪製的外包裝也很可愛。

平常可以使用的
黑糖

H

黑糖（粟國島產的粉狀／粟國島產和
小濱島產混合的顆粒狀）200g各486日圓

黑糖可以用來製作料理、烘焙點心和加在熱飲中等，在日常生活中也很容易使用。只要想到把黑糖放在廚房就令人覺得心情雀躍。

品嘗健康的
山羊奶味道

I

山羊奶餅乾（原味、紅芋、南瓜）
75g各308日圓

餅乾使用了本部町產的山羊奶和嚴格挑選的國產食材，可以吃到在牧場細心照顧的山羊所生產的山羊奶，營養豐富。

樸素而令人懷念的
沖繩糖果

J

沖繩的黑糖糖果
216日圓

原料只使用黑糖和水飴，用傳統的作法製成的糖果，甜味溫和。外包裝也讓人覺得很療癒。

圓滾滾的形狀
很可愛

K

圓金楚糕
280日圓

使用國產麵粉、全麥粉和沖繩縣產的純豬油烘烤而成的金楚糕，特徵是渾圓的外型和柔軟的口感。

Shop List

A～C　**沖縄の風** ☞P.47

D・E　**わしたショップ
国際通り本店** ☞P.42

F　**Kamany** ☞P.50

G～J　**RENEMIA** ☞P.31

K　**沖縄まんまるカフェ
むつみ橋通り店** ☞P.45

有的選貨店也會販售少量的可愛伴手禮，試著找找看吧！

尋找溫暖而柔和的沖繩陶瓷器

在充滿悠閒氛圍的壺屋通。
逛逛兩旁的店家，或是用沖繩陶瓷器喝茶，
依照自己喜歡的方式在小巷裡愉快的散步吧！

整個繞上一圈
2 小時
9
18
建議出遊的時段

如果只是逛逛兩側的店家
只需要約1小時，若是要
進入小巷散步或是要順便
喝咖啡小憩片刻，則最好
留約2小時的空檔。若是
時間尚有餘裕，也很推薦
參加陶器製作體驗活動。

南國風味的冰品

1 やちむんとカフェ チャタロウ

販售加上了黑糖蜜和濃縮咖啡等的沖繩善哉，別出心裁的甜點讓人目不暇給。咖啡廳所使用的器皿可以在附設的商店中買到。

☎ 098-862-8890 ⏎ 那覇市壺屋1-8-12
🕙10:00～19:00 困無休 Ⓟ有 🚉都市單軌電車牧志站步行15分 MAP 143 E-3

波照間黑糖牛奶善哉加冰淇淋702日圓

藍釉和
綠釉的
菊紋系列

馬克杯3456日圓、五寸盤
1944日圓

為現代生活增添色彩的沖繩陶瓷器

3 Kamany
カマニー

利用舊民家改裝而成的育陶園直營店，以讓人容易想像如何使用的陳列方式，展示了能融入現代生活的器皿。

☎ 098-911-6664 ⏎ 那覇市壺屋1-22-37
🕙10:30～18:30 困不定休 Ⓟ無
🚉都市單軌電車牧志站步行15分
MAP 143 E-3

從古典圖案到獨創的設計都一應俱全

2 Craft house Sprout
クラフトハウススプラウト

由審美品味出眾的老闆所開設的選貨店，店內可以看到傳統的壺屋燒以及傳統與個性交織的作品，也有販售琉球玻璃和紅型商品。

☎098-863-6646 ⏎ 那覇市壺屋1-17-3
102 🕙10:00～19:00 困不定休 Ⓟ無
🚉都市單軌電車牧志站步行15分
MAP 143 E-3

工房十鶴的咖啡歐蕾碗
2160日圓

1店內空間由咖啡廳和陶瓷器商店構成（やちむんとカフェ チャタロウ）2在Craft house Sprout尋找喜歡的器皿 3Kamany的展示陳列方式值得注意

那覇市立
壺屋燒物博物館

國際通

歌町 Ⓐ 330

壺屋
姬百合通

壺屋通

Ⓢ 3 Kamany

1 やちむんとカフェⒸ
チャタロウ

2 Craft House Ⓢ
Sprout

Ⓢ 5 手作り陶房
んちゃぜーく

Ⓢ 4 Craft·Gift ヤッチとムーン

與儀 Ⓨ

內側的點點花紋是亮點，
四吋碗1500日圓

風獅爺會作為
替身保護你

胖胖的小風獅爺（1對）
2500日圓

在令人興奮的空間發現新沖繩陶瓷器

4 Craft·Gift ヤッチとムーン

クラフトギフトヤッチとムーン

集結了新穎沖繩陶瓷器的「チャタロ
ウ」的姐妹店，以餐廳和廚房等為主
題的小房子內，陳列著豐富的年輕世
代藝術家獨創器皿。

☎ 098-988-9639 ⌂那覇市壺屋1-21-9
🕙10:00～19:00 困無休 Ⓟ無
‼都市單軌電車牧志站步行15分
MAP 143 E-3

每一個壺熊的表情都不一樣，
壺熊2600日圓

真正陶房的方盤（小）1600
日圓、沖繩肥皂各580日圓

能融入生活的器皿

5 手作り陶房んちゃぜーく

てづくりとうぼうんちゃぜーく

使用腳踢轆轤製作器皿的陶房みんど
ぅま直營店。點點圖案和條紋圖案的
碗盤，日常生活中也很適合使用。

☎ 090-9786-7631 ⌂那覇市壺屋1-21-12
🕙10:00～18:30 困週四 Ⓟ無
‼都市單軌電車牧志站步行15分
MAP 143 E-3

4店家的吉祥物熊探出頭來
Craft·Gift ヤッチとムーン
5從國際通步行5分鐘即可
抵達壺屋通，可以在平靜的
壺屋通中享受悠閒尋找器皿
和散步的樂趣 6手作り陶房
んちゃぜーく是間有著紅瓦
屋頂，小而雅致的商店

壺屋通是一條鋪著琉球石灰岩，長約400m的街道，現在約有40間製陶店家。

既興奮又有點緊張
在迷宮般的まちぐゎー裡探險

「まちぐゎー」是沖繩方言「市場」的意思。
沖繩的市場不只店家十分密集，而且有很多狹小交錯的通路，
簡直就像是迷宮一樣，以探險的心情邊迷路邊亂逛吧！

擠滿了觀光客和當地人

色彩繽紛的魚類和豬頭……
「沖繩的廚房」匯集了沖繩島上的食材

第一牧志公設市場

だいいちまきしこうせついちば

市場內陳列著沖繩所有的食材，例如色彩鮮豔的熱帶魚類、整塊的豬肉和島上所栽種的蔬菜等等，作為觀光景點也很受歡迎。第一牧志公設市場也被稱為「沖繩的廚房」，在裡面可以一窺沖繩的生活文化和飲食文化。

☎098-867-6560 ⌂那覇市松尾2-10-1
⏰10:00～20:00(依店鋪而異) ㊡第四個週日
(12月無休)、舊曆盂蘭盆節、舊曆新年(依店鋪而異) Ⓟ無 🚃都市單軌電車牧志站步行10分 MAP附錄① E-2

充滿了沖繩
獨有的食材

🕊 在公設市場探險的小秘訣

要靠招牌辨認入口
公設市場的出入口共有13個，很容易搞混，要看頭上的指示牌辨認。

小心試吃攻擊
走在市場內，到處都會是「要不要試吃看看？」的招呼聲，一不小心就會試吃吃到飽!?

伴手禮要挑選有真空包裝的
如果要買沖繩東坡肉或是醃沖繩蕗蕎等食品，要選有真空包裝的，攜帶上也比較安心。

公設市場的二樓有食堂

第一牧志公設市場的二樓約有十間食堂，也有店家能幫客人料理在一樓買的魚類。

逛逛公設市場

將豬肉用甜鹹醬汁燉煮入味而成的沖繩東坡肉，入口即化，濃郁美味

照了笑容可愛的魚店店員姐姐的照片☆

有沖繩蕗蕎和苦瓜等等，各式各樣的漬物一應俱全

市場的二樓是食堂

二樓也有義式冰淇淋工房，有日本國內低溫宅配的服務

在市場的美食區喝杯「冰檸檬汁」120日圓，小憩片刻

和店員聊天也是逛市場的樂趣之一

今天的戰利品：海葡萄和辣椒醬

也逛逛公設市場外面

周圍有很多店家

泡盛酒店的店長ウエンツ，今天也是好天氣呢！

充滿復古氛圍的老舊公寓

歡迎光臨

店花(?)送我們出店門

如果想在散步途中順便吃個東西的話

あかさたな 市場店

あかさたないちばてん

招牌是健康養生的料理，使用了市場直送的島上當季蔬菜。如果只是想要像在咖啡廳一樣坐著小憩片刻的話，則推薦吃善哉350日圓。

☎098-862-0129 ⌂那覇市松尾2-11-11
🕒11:00～19:00 休週三(逢假日則另休)
P無 ‼都市單軌電車牧志站步行10分
MAP附錄① E-2

炸豆腐和炸茄子800日圓，附白飯和湯

プチット リュ

小酒館風格的法國菜餐廳，可以享受市場食材調理成的單點菜色和約130種的紅酒。

☎098-863-0716 ⌂那覇市松尾2-10-20
🕒17:00～21:30 休週一、週二 P無
‼都市單軌電車牧志站步行10分
MAP附錄① E-3

嫩煎長尾魚佐檸檬奶油醬汁2000日圓等

呉屋てんぷら屋

ごやてんぷらや

創業至今已經30年以上，專賣天婦羅和沖繩開口笑的專賣店，天婦羅麵衣吃起來鬆軟，帶有微微鹹味。

☎098-868-8782 ⌂那覇市松尾2-11-1
🕒8:00～18:00
休舊曆盂蘭盆節結束後的2日 P無
‼都市單軌電車牧志站步行10分
MAP附錄① D-3

天婦羅一個60日圓～

走在市場小徑內會遇到許多令人想舉起相機拍照的場景。

走在櫻坂&榮町市場商店街內
就彷彿回到昭和復古的世界

這個地區內分布著傳統商店和有著豐富特色的時尚店家。
現代和傳統交錯的非主流空間，
白天和夜晚都各有風情。

①隨著天色漸暗，櫻坂劇場的神秘之美也漸增 ②うりずん能感受到歷史風情的外觀和裝潢，很有情調 ③榮町ボトルネック店內充滿昭和時代的氛圍 ④おでん東大座落於安里的社交街 ⑤白天的市場擠滿當地人，也很推薦買杯咖啡邊喝邊逛榮町市場商店街（➡P.19 COFFEE potohoto）⑥櫻坂劇場別有特色的售票口

沖繩文化的發源地
桜坂劇場
さくらざかげきじょう

播放電影和舉行演唱會的複合式設施，附設的商店和咖啡廳內有販售沖繩藝術家所製作的雜貨和陶器。

☎098-860-9555 ≿那覇市牧志3-6-10
⏰依設施而異 ㊡無休 Ⓟ無
‼都市單軌電車牧志站步行10分
ᴍᴀᴘ附錄① F-3

迷你電影院聚集了很多電影愛好者，在一樓的さんご座キッチン▷P.57，可以享受到用沖繩陶瓷器盛裝的餐點

推廣沖繩手作的商店
ふくら舎
ふくらしゃ

位於櫻坂劇場內，一樓陳列著嚴選的日本國內及國外的書籍和雜貨，二樓則有販售陶瓷器和琉球玻璃作品。

☎098-860-9555（桜坂劇場）
≿那覇市牧志3-6-10 桜坂劇場 1・2F
⏰10:00～20:00 ㊡無休 Ⓟ無
‼都市單軌電車牧志站步行10分
ᴍᴀᴘ附錄① F-3

陶瓷器種類豐富堪稱沖繩第一，隨季節舉行的企劃展也很有看頭

整個繞上一圈

3 小時

建議出遊的時段

「櫻坂」地區就在國際通（☞P.42）和壺屋通（☞P.50）附近，若是要前往「榮町」地區則建議搭乘都市單軌電車或是計程車。

保有昭和時代風情的榮町市場商店街

戰後復興時期建造的商店街，像是迷宮一樣交錯的狹窄巷道內，約有120家店鋪，十分密集。

MAP 144 A-3

可以吃到正統的印度咖哩

食堂インド

しょくどうインド

咖哩使用了約20種的香料和大量的洋蔥調理而成，可以搭配自製的印度烤餅一起吃。

☎098-868-7981 ⌂那覇市牧志3-8-29
⏰11:30～22:00 ㊡無休 Ⓟ無
‼都市單軌電車牧志站步行10分
MAP 附錄① F-3

奶油雞肉咖哩套餐900日圓，溫和的甜味和多層次的辣味塔稱絕妙

那霸／昭和復古的櫻坂＆榮町市場商店街

在聚集了泡盛酒愛好者的店乾杯

うりずん

創業於1972年，是將泡盛酒發揚光大的先驅店家，在別有情調的老建築內享酒和沖繩料理。

☎098-885-2178 ⌂那覇市安里388-5
⏰17:30～23:30 ㊡無休 Ⓟ無
‼都市單軌電車安里站即到
MAP 144 A-3

田芋天婦羅648日圓，發源於這間店的熱門料理，田芋加上豬肉和香菇製成的炸天婦羅

昭和復古市場內的名酒館

栄町ボトルネック

さかえまちボトルネック

位於充滿庶民風情的榮町市場商店街內，利用舊民家改裝而成，是充滿昭和時代氛圍的空間。

☎098-884-6640 ⌂那覇市安里385 栄町市場內 ⏰18:00～24:00 ㊡週二
Ⓟ無 ‼都市單軌電車安里站即到
MAP 144 A-3

湯頭清淡的沖繩麵600日圓，湯要自己用鋁製水壺倒

供應沖繩風關東煮和烤豬腳的店

おでん東大

おでんとうだい

招牌料理是用清淡的柴魚高湯煮成的關東煮，和嚴格挑選的高品質豬腳烤至酥脆的「烤豬腳」。

☎098-884-6130 ⌂那覇市安里388-8
⏰21:30～翌4:00 ㊡週日、一、舊曆盂蘭盆節 Ⓟ無 ‼都市單軌電車安里站即到
MAP 144 A-3

關東煮拼盤1300日圓，內含只用柴魚高湯和鹽燉煮的豬腳和葉菜類蔬菜等20種配料

這裡是留有很多古老建築的區域，有很多令人懷念的景色，建議可以帶著相機遊散步邊拍照。

隨性的停留
在街上的咖啡廳小憩片刻

在熱鬧的國際通外圍有很多安靜悠閒的咖啡廳，
若是逛街累了不妨喝杯咖啡休息一下。
這裡將介紹特選的咖啡廳，每一間都很有個性。

1 本日的mana蔬菜拼盤1100日圓，八道菜全部盛裝在一個盤子內，看起來很豐盛，讓人想要慢慢咀嚼、好好品嘗每一道料理
2 店內空間寬闊而舒適，吹進來的風也很舒服
3 店員會很仔細的說明食材和料理的口味
4 位於壺屋通旁邊的安靜小巷內

品嘗對身體很好的料理

自然食とおやつの店 mana
しぜんしょくとおやつのみせマナ

以沖繩縣產的當季無農藥蔬菜為主，
只使用令人安心的安全食材，提供玄
米飯和全素料理的店家，不論是飲食
有禁忌的人，還是第一次吃素食的
人，都能安心愉快的用餐。巧妙運用
當季食材原來味道的料理吃起來相當
有飽足感，讓人身心都感到很充實。

☎098-943-1487 ⌂那霸市壺屋1-6-9
🕐11:00～16:00 困週三、四 ℗無
🍴都市單軌電車牧志站步行15分
MAP 附錄① E-3

```
Menu
蔬菜咖哩1100日圓
純素蛋糕套餐850日圓
```

> 要不要來個島上咖啡廳巡禮呢？
> 本書也介紹了其他各式各樣的咖啡廳（□P.16、P.78、P.106、P.122），隨著自己心情找咖啡廳，度過美好的咖啡時光吧！

那霸／在街上的咖啡廳小憩片刻

充滿復古氛圍的空間

位於新天堂通上

店內氣氛感覺很輕鬆舒服

巧克力蛋糕420日圓，冰沙、草莓起司蛋糕630日圓

Cinnamon Cafe
シナモンカフェ

位於新天堂通上的熱門咖啡廳，除了使用數十種香料製作而成的咖哩、自家烘焙的蛋糕、冰沙以外，也有用咖啡利口酒調成的花式調酒。

☎098-862-2350 ⬆那霸市牧志1-4-59石川ビル 1F ⏰11:00～22:00 ✖不定休 🅿無 🚃都市單軌電車美榮橋站步行7分 MAP附錄① D-1

放鬆的紅茶時光

不知不覺就坐了很久的沙發座位

店周圍翠綠的行道樹十分耀眼

純鮮奶油蛋糕捲450日圓，山原香料奶茶550日圓

cafe プラヌラ
カフェプラヌラ

店內的紅茶使用從斯里蘭卡或是印度直接進口的茶葉沖泡而成，值得好好品嘗。使用了大量雞蛋的蛋糕捲、每天不同的今日甜點、義大利麵和焗烤飯也很受歡迎。

☎098-943-4343 ⬆那霸市壺屋1-7-20 ⏰13:00～21:30 ✖週二、三 🅿無 🚃都市單軌電車牧志站步行15分 MAP附錄① E-3

同時享受料理的美味和器皿之美

排列著陶瓷器的吧台

也有面向櫻坂的露台座位

蛋糕套餐700日圓

さんご座キッチン
さんござキッチン

位於設有迷你電影院和雜貨店的櫻坂劇場（□P.54）一樓，可以享受到用沖繩陶瓷器盛裝的料理和甜點，餐點皆使用沖繩產的當季蔬菜和水果。

☎098-860-9555(櫻坂劇場) ⬆那霸市牧志3-6-10 桜坂劇場 1F ⏰9:30～22:00 ✖無休 🅿無 🚃都市單軌電車牧志站步行10分 MAP附錄① F-3

Menu
蔬菜和奶油起司咖哩800日圓
鰤魚梅子奶油義大利麵800日圓

Menu
今日特餐700日圓～
今日甜點350日圓～

Menu
本部町青面印度櫻桃汁600日圓
熱三明治套餐650日圓

自然食とおやつの店 mana的料理使用的是無農藥、無肥料，只用雨水自然灌溉的自然栽培蔬菜。

57

在誘人的沖繩當地食堂
嘗試沖繩獨有的料理

想感受沖繩當地氛圍的人請一定要去沖繩的食堂！
可以吃到沖繩獨有的料理，
看起來有點不可思議，但是非常美味。

24小時不停使用著的開放式廚房

**24小時的大眾食堂
隨時都可以填飽大家的胃**

お食事処 三笠

おしょくじどころみかさ

創業至今已經50年，持續受到當地人喜愛的24小時食堂，料理皆由沖繩的媽媽們在使用多年的廚房製作。菜色約有30種，多數只要約600多日圓，而且份量十足。

☎098-868-7469
🏠那覇市松山1-3-17 伊波ビル1F
🕐24小時 休舊曆盂蘭盆節 🅿有
🚊都市單軌電車縣廳前站步行7分
MAP 142 C-2

```
menu
●燒肉 …………………… 600日圓
●壽喜燒 ………………… 650日圓
```

沖繩的食堂料理既便宜又好吃，可以吃得很飽唷！

位於國道58號對面

這是什麼？

擺在桌上的乳瑪琳可以自由取用，內行人會把乳瑪琳拌入白飯中，做成「奶油飯」

沖繩強棒飯

沖繩強棒飯不是和麵條一起炒，而是和白飯一起炒，炒過的肉和蔬菜加入蛋液煮至凝固後，放在白飯上，份量非常多，推薦給餓到前胸貼後背的人。

沖繩強棒飯550日圓，附味噌湯和醃漬小菜

三笠的作法是在大量洋蔥和絞肉中加入蛋液煮至凝固

蛋的下面不是麵條而是白飯，和吃咖哩一樣要用湯匙一吃

調味用的是柴魚高湯和醬油

令人目眩神迷的食堂世界
沖繩的食堂有很多日本本土所沒有的「常識」，
試著接觸沖繩當地充滿人情味的文化吧！

煮物

將豬肉和蔬菜用偏甜醬汁燉煮而成的沖繩風料理，使用的食材依店家而異，有三層肉（豬五花肉）、豬腳、沖繩島豆腐等等。

食材有三層肉、白蘿蔔、葉菜類蔬菜等，約有7種

用柴魚高湯、醬油和味醂熬煮成甘甜的味道

煮物650日圓，附白飯、味噌湯和醃漬小菜

供應多道活用了
高湯味道的家常菜

でいご食堂 でいごしょくどう

位於通往泊大橋的高架道路旁，菜單上約有40種沖繩家常菜，使用以柴魚片和雞骨慢慢熬煮而成的高湯調味，樸實的風味廣受好評。

☎098-862-4717 🏠那覇市曙1-3-7 🕚11:00～21:00(售完打烊) 休週日不定休 P無 !!都市單軌電車美榮橋站搭計程車5分 MAP 140 C-1

menu	
●味噌湯	550日圓
●沖繩炒豆腐	550日圓

店內以日本傳統座位為主

豆腐店所經營的豆腐料理食堂

島ちゃん食堂 しまちゃんしょくどう

食堂由創業超過50年的豆腐店所經營，主要的料理都使用了傳統大鍋製作的手工豆腐，因此有很多喜歡吃現作豆腐的當地人常常光顧。

☎098-832-1233 🏠那覇市与儀2-3-12 🕚11:30～18:00(週六～17:00、售完打烊) 休週日(連續休假若包含週日則全部休息)、國定假日 P有 !!那覇交流道車程5km MAP 141 D-3

menu	
●沖繩炒豆腐定食	600日圓
●四川風麻婆豆腐	680日圓

店內空間小而雅致

沖繩豆腐

凝固前的豆花狀熱豆腐，可以加柴魚高湯一起吃，或是加醬油調味，有各式各樣的吃法，在島ちゃん食堂用大碗公上菜。

口感柔軟滑嫩，帶有一點點甜味

口味有味噌、原味、醬油三種口味可選擇

沖繩豆腐
套餐500日圓，
附沖繩炊飯和甜點等

沖繩食堂的小常識

 菜色多半是沖繩炒什錦、炒蔬菜、沖繩麵等，沖繩的家常菜

 基本上就算菜單上只寫著料理名稱，也會像定食一樣附上白飯和味噌湯

 桌上常會有水壺，水壺裝的不是白開水而是茶或是加了砂糖的紅茶，可以自由飲用

常識4 不論是哪一道料理份量都多到讓人不禁懷疑「這是兩人份吧？」的店家也不少，但是價格只要500多日圓，非常便宜

 當地人很多會在店裡吃掉一半的餐點，剩下的一半打包帶回家，有的店家也會提供打包外帶的便當盒

除此之外，還有很多令人好奇的「沖繩獨有料理」。

 味噌湯
大碗公內裝滿當季的葉菜類蔬菜、豬肉、沖繩島豆腐等配料，味噌湯在沖繩是配飯的一道菜

 豬肉蛋
由稍微煎過的午餐肉和炒蛋組成，可以說是沖繩版的火腿蛋

 午餐C
將炸豬排、煎蛋、沙拉和白飯盛裝在同一個盤子內的餐點，雖然叫做午餐，但晚上也可以點來吃

那覇／誘人的沖繩當地食堂

「沖繩獨有的料理」裡面也有就叫作「配菜」的料理，內容是油炸類料理或是燉煮類料理，依店家而異。

59

只要吃過一次就會想再吃
吃遍所有的沖繩麵店吧

加了草木灰的手打麵、同時使用柴魚高湯和豬骨高湯的湯頭、
煮到入口即化的三層肉……
反映了店家特色的沖繩麵正等著您來品嘗。

有嚼勁的手打麵
和用另一個盤子盛裝的排骨一起吃

附有2塊排骨的排骨沖繩麵（中）780日圓

てぃあんだー

混和了未經漂白的麵粉，花二天製作而成的手打麵店。點的時候可以選擇細麵或是粗麵，不論是哪一種搭配柴魚風味的清澈湯頭都很美味。一天限定只賣200碗，一過中午就賣完也是常有的事情，想吃的人記得要早點去。

店內裝飾著各式各樣小東西

☎098-861-1152
⌂那覇市天久1-6-10 フォーシーズンズコート 1F ⏰11:00～售完打烊 ❌週一 🅿有
🍴都市單軌電車歌町站步行20分
ᴍᴀᴘ 141 D-1

在舊民宅慢慢品嘗
傳統的沖繩麵

遵循傳統作法製成的沖繩麵（中）630日圓

御殿山
うどぅんやま

在屋齡100年以上的舊民家改裝而成的店內，可以吃到遵循傳統作法製成的沖繩麵。傳統作法是先將細葉榕木灰溶解於水中，再將浮在上層的澄清液體加在麵糰中，使用傳統作法製成的麵條吃起來很有嚼勁，很適合搭配輕淡的湯頭。

綠意盎然的庭院令人心情愉快

☎098-885-5498
⌂那覇市首里石嶺町1-121-2
⏰11:30～16:00 ❌週一、舊曆盂蘭盆節
🅿有 🍴都市單軌電車儀保站步行15分
ᴍᴀᴘ 145 F-1

繼承了首里名店的味道
麵條很有嚼勁

首里沖繩麵（中）500日圓，味道簡單而優雅

首里そば
しゅりそば

以手打麵出名的店家，繼承了曾經在首里營業的名店作法技術。店內用木製地板營造出具現代感的氛圍。使用100%麵粉製成、富有彈性的手打麵條，搭配上用豬肉及柴魚高湯為湯底的透明湯頭，是連老饕都讚賞的美味。

擺放著沖繩石獅等沖繩風小物

☎098-884-0556
⌂那覇市首里赤田町1-7
⏰11:30～售完打烊
❌週日 🅿有 🍴都市單軌電車首里站步行5分 ᴍᴀᴘ 145 E-3

魔法的一滴「泡盛辣椒」

將沖繩辣椒用泡盛酒醃漬入味而成，帶有辛辣味的調味料，只要滴幾滴就能讓湯頭變得更美味，也要注意不要加太多。

在舒適的空間裡享用
店家自製的沖繩麵

上面放著魚板和豬里肌肉的草木灰沖繩麵650日圓

てんtoてん

てんトゥてん

可以在開放式的店內空間，吃到用傳統製法製成的草木灰手打沖繩麵。使用了細葉榕等草木灰的澄清液體作出的麵條，礦物質豐富。飯後可以來一杯茶上面浮著大量泡沫的香醇泡泡茶540日圓。

覆蓋著整片爬牆虎藤的外觀很醒目

☎098-853-1060
住 那覇市識名4-5-2 🕒11:30～15:00
休 週一（逢假日則營業） P有
‼都市單軌電車首里站搭計程車10分
MAP 141 E-3

原創沖繩麵
上面放了店家自製的豬里肌肉

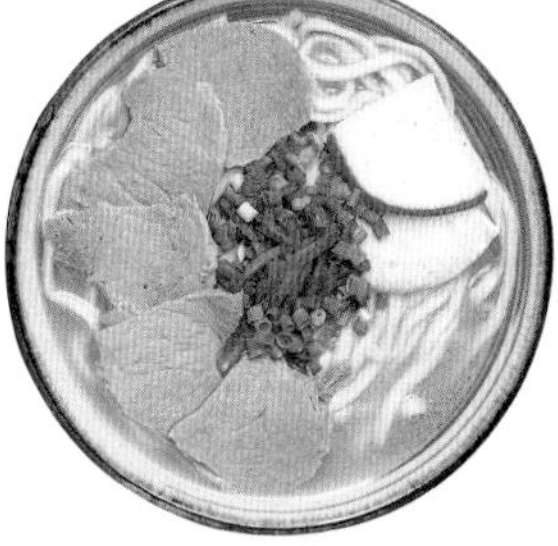

里肌肉沖繩麵500日圓，附有油脂較少的豬里肌肉

むつみ橋かどや

むつみばしかどや

專賣沖繩麵的店家，持續維持著創業時的味道，店家原創的里肌肉沖繩麵，使用了充滿豬骨精華的高湯，高湯會牢牢的吸附在稍粗的麵條上，上面再放上帶有些許醬油味的豬里肌肉，吃起來非常美味。豆皮壽司2個100日圓。

店面幾乎位在國際通正中央

☎098-868-6286
住 那覇市牧志1-3-49 🕒11:30～19:00（售完打烊） 休 週二、舊曆盂蘭盆節最後一天
P無 ‼都市單軌電車美榮橋站步行7分
MAP 附錄① E-2

香氣四溢的柴魚片風味
透明的湯頭很吸引人

清澄的湯頭是淡口味沖繩麵（小）600日圓的特色

琉球茶房すーる

りゅうきゅうさぼうすーる

店面由沖繩舊民宅改裝而成，招牌料理是淡口味沖繩麵，以柴魚片為湯底的清淡湯頭和富有彈性的細麵是絕佳的搭配。還有自製的沖繩善哉380日圓等，甜點的種類也十分齊全，可以當作咖啡廳。

位於辦公大樓區內的紅屋瓦建築

☎098-861-5155
住 那覇市久茂地3-25-7 🕒11:30～16:00（售完打烊） 休 週日、舊曆盂蘭盆節 P有
‼都市單軌電車縣廳前站步行5分
MAP 142 C-3

說到搭配沖繩麵的副餐，不外乎是沖繩風炊飯和豆皮壽司，搭配沖繩麵一起吃都非常美味。

晚上就前往居酒屋&餐廳 邊喝酒邊享用沖繩料理

逛遍大街小巷後，就是期待已久的晚餐時刻了，
在這裡我們挑選了可以充分品嘗沖繩食材的店家。
邊喝泡盛酒或是葡萄酒，邊享受那霸長長的夜晚吧！

梅子醬炸魚沙拉
1260日圓
炸白肉魚塊淋上特製的梅子醬汁，做成沙拉
中華風滷排骨和滷軟骨580日圓
排骨（帶骨的豬肋肉）和軟骨滷至入味，最後淋上芝麻醬汁
鹽烤香魚600日圓
恰好的鹹味吃起來很美味，只在夏季供應
炸雙帶烏尾冬飯糰
800日圓
將炸得酥脆的雙帶烏尾冬魚剝成小塊，和芝麻、綠紫蘇混合捏成的飯糰
太平洋黃尾龍占佐小黃瓜醬汁1260日圓
裸頰鯛的一種，盛產於夏季，搭配小黃瓜醬汁很適合在夏天吃

視覺上和味覺上都很滿足
充滿巧思的創意料理

肴菜 さかな

將沖繩的食材做成日本本土風味，或是將把日本本土的食材做成沖繩風味，不論是哪一種創意料理都很新穎。以沖繩縣產魚類為主角的料理，更是備受好評。單品料理和全餐使用沖繩縣產豬肉和蔬菜，種類也很豐富。

☎098-866-9672 那霸市久茂地3-26-3
17:30～23:30 休週日 P無
都市單軌電車縣廳前站步行5分 MAP附錄① C-1

店內空間具現代感，簡單大方

預約制

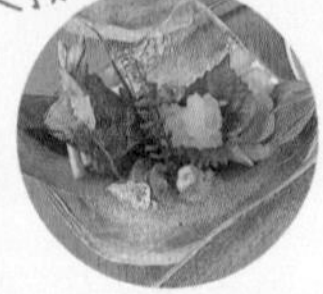
在每天更換的菜色中有時也會有蝦蛄頭，據說比伊勢龍蝦更好吃

推薦這種酒

福花（ふくらしゃ）
1合600日圓
沒有特殊的味道，喝起來清淡爽口，特別適合第一次喝酒的人

島歌居酒屋也很有趣喔！

在島歌居酒屋，可以邊享用沖繩料理和泡盛酒，邊欣賞民謠現場演唱會，演唱會最後會有沖繩舞蹈（手舞）的橋段，氣氛熱烈。

酪梨豆皮
540日圓

切片的酪梨上面放上豆皮的菜色

自製墨魚炒麵
702日圓

揉了墨魚汁製成的麵條加蒜頭下去炒

＼推薦這種酒／

咲元25度
1合540日圓

混合了8年的老酒，推薦給第一次嘗試泡盛酒的人

煮石斑魚
1200日圓～

石斑魚只加鹽煮過，非常簡單的一道料理

烤帶殼沖繩海螺
500日圓

將沖繩產的海螺連著殼一起烤過，一年四季都吃得到

＼推薦這種酒／

菊之露VIPゴールド
一瓶3700日圓

以儲藏了8年的酒為基底釀成的古酒，已經完全熟成，味道溫和

大地和海洋的共同演出
沖繩島蔬菜和水雲藻披薩
1296日圓

水雲藻和披薩味道絕配

西表紅米墨魚汁海鮮燉飯
1人份972日圓（圖為2～3人份）

西表島產的紅米煮好之後，看起來就像墨魚汁飯一樣

＼推薦這種酒／

LAMURA
西西里有機葡萄酒
1杯600日圓

義大利產的葡萄酒，口感滑順，容易入口

創意料理
備受好評的居酒屋

居酒屋野郎 りょう次
いざかややろうりょうじ

燒烤沖繩阿古豬培根和甜辣炸豬腳等等，使用了沖繩食材的創意料理口碑很好而很受歡迎，配合季節每週更換的料理和泡盛酒的種類也很豐富。

☎098-861-8583
🏠那霸市久茂地2-18-18 🕐17:00～24:00
🈺不定休、舊曆盂蘭盆節 🅿無
‼都市單軌電車美榮橋站步行3分
MAP 143 D-2

講究的照明設計營造出成熟的氛圍

以多元的方式享用
現撈的新鮮海產

あぐん茶
あぐんちゃ

位於泊港附近的海鮮居酒屋，活用食材本來的味道，將當天捕獲的海產作成生魚片或是奶油燒烤等料理。

☎098-861-5915
🏠那霸市前島2-13-2 🕐17:00～23:00
🈺不定休 🅿無
‼都市單軌電車美榮橋站步行7分
MAP 143 D-2

有吧台座位和一般的座位

招牌是沖繩島蔬菜料理的
個性派餐廳

浮島ガーデン
うきしまガーデン

店家由屋齡55年的舊民家改裝而成，店內可以品嘗到沖繩島蔬菜料理和有機葡萄酒。使用有機栽培蔬菜的創意健康料理種類也很豐富。

☎098-943-2100
🏠那霸市松尾2-12-3 🕐11:30～15:00、18:00～22:00 🈺無休 🅿有
‼都市單軌電車牧志站步行10分
MAP 附錄① D-2

位於浮島通對面

那霸／邊喝酒邊享用沖繩料理

所謂的古酒指的是熟成3年以上的泡盛酒，熟成的越久，醇度和香氣會越濃，味道越有深度。

my co-Trip♪

在國際通的玻璃工房內
體驗製作琉球玻璃

在國際通的工房內，有製作玻璃、紅型和風獅爺等體驗活動。
我們這次則在玻璃工房挑戰製作世界上獨一無二的玻璃作品，
工作人員會詳細的說明教導，就算是第一次參加也不用擔心。

試著體驗製作琉球玻璃吧！

START

戴上保護手套就可以開始了！

我們這次參加的是鑄型成形體驗，先看樣品選擇想做的玻璃形狀、顏色和裝飾圖案

剛從窯裡拿出來的玻璃

邊旋轉鐵棒邊用力吹氣，不用力的話玻璃會無法膨脹

介紹沖繩的傳統工藝體驗活動也很豐富

那霸市傳統工藝館
なはしでんとうこうげいかん

玻璃製作體驗2570日圓（若要加上裝飾圖案3100日圓），約15分鐘就可以體驗製作出高球杯、岩石杯或花瓶，會從拿著鐵棒練習吹氣開始，不用擔心自己不會，成品也有提供日本國內的宅配服務。

☎098-868-7866 ⌂那霸市牧志3-2-10 てんぶす那霸2F ⊕10:00~17:30（玻璃製作體驗~16:45，其他體驗須另外確認）㊡依體驗活動不同而異 ⊕入館費用310日圓、體驗費用1540日圓~ Ⓟ有 ‼都市單軌電車牧志站步行5分 MAP 附錄① F-2

工廠內師傅們每天汗流浹背的工作

放在桌上轉一圈，點上當作裝飾圖案的碎玻璃

放入模具內，再度用力吹氣，鮮紅的玻璃變成了高球杯的形狀

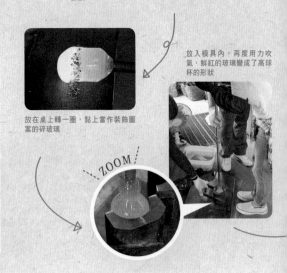

ZOOM

琉球玻璃是什麼？

琉球玻璃產業在戰後才開始興盛，當時是利用美軍基地廢棄的可樂瓶和啤酒瓶當作原料，現在則不只有製作再生玻璃，也有使用全新原料製作的玻璃作品，導入了新的技術，持續製作多樣化的作品。

GOAL

做好的玻璃杯要在520℃的低熱窯內花一天的時間慢慢冷卻，隔天才能領取作品

> 專屬於自己的玻璃杯完成了！

窯內溫度高達1300℃

ZOOM!!

高溫的玻璃觸感只有體驗了製作玻璃才知道

左手邊旋轉鐵棒，右手運用工具將柔軟的玻璃杯口撐開，這個作業還滿困難的

> 杯口的製作完成了

> 要買東西的話就到這裡！

玻璃的原料是廢棄的玻璃瓶，這個工房講求的是使用傳統的原料

將高溫的玻璃浸入冷水中，製造出裂痕

販售沖繩的優質工藝品

那霸市傳統工藝館商店

なはしでんとうこうげいかんショップ

藝廊商店和體驗活動區都位於同一層樓，陳列著最齊全的「奧原硝子製造所」作品品項，除了玻璃製品以外，也有販售傳統工藝的紅型和漆器等。

☎098-868-7866
🏠那霸市牧志3-2-10 てんぶす那霸 2F ⏰10:00～20:00 🈚無休 🅿有
🍴都市單軌電車牧志站步行5分
🗺附錄① F-2

體驗製作玻璃後，玻璃師傅製作的作品看起來都不一樣了

琉球玻璃不具備耐熱性，拿來裝熱水會破裂，請小心使用。

琉球王國 朱色城郭
完整的把首里城公園繞一圈

首里作為琉球王國的首都，到幕末為止的約450年都非常繁榮。
在首里城公園可以看見精心打造的華麗建築，
彷彿訴說著琉球作為海洋王國盛極一時的過去。

♪ 整個繞上一圈
👣 2 小時

9 ─ 16
建議出遊的時段

從都市單軌電車首里站
到首里城公園，可以搭
乘8號公車，單程的票
價為150日圓。首里城
公園在每天早上開館五
分鐘前，會在奉神門舉
行「開門儀式」。

正殿的看點在這裡

唐破風妻飾
からはふつまかざり

唐破風是日本獨有的建築樣式，特徵是弓形的屋頂。正殿的妻飾上則雕刻著金龍等細緻的裝飾。

御差床
うさすか

指的是國王所坐的玉座，正殿1樓和2樓都有，尤其2樓的玉座是集琉球雕刻工藝於大成的豪華作工。

大龍柱
だいりゅうちゅう

大龍柱成對豎立於正殿前石階梯旁，高度從台座算起高達4.1m。

❶蓋有三層，有兩層屋頂的正殿，是沖繩最大的木造建築 ❷西邊望台是於城郭西側的觀景台 ❸國王平常執行日常政務的書院，後方設有茶室 ❹首里城公園每天（維修日除外）從日落後到24:00，城郭和周圍的設施都有夜間點燈

正殿
右掖門　書院・鎖之間
圓覺寺跡
御庭　南殿
北殿　番所
弁財天堂
奉神門
廣福門　首里森御嶽
久慶門
夕圖座・用物座
瑞泉門
龍潭
龍樋
歡會門
園比屋武御嶽石門
木曳門
西台
守禮門
首里杜館
遊客服務中心

P 地下收費停車場，約可容納116台車，每2小時320日圓

入口有風獅爺迎接

■ 收費區域
■ 免費區域
■ 商店
■ 廁所

可以觀賞琉球舞蹈「邀舞」

在園座、用物座前面的下之御庭，可以免費觀賞琉球舞蹈。一日三次，分別在週三、週五、週日和假日的11:00、14:00、16:00。劇碼每天都會更換。

琉球王朝極盡繁華的象徵

首里城公園 しゅりじょうこうえん

首里城是琉球歷代國王的居城，也是琉球王朝政治和外交的場所。約18公頃的公園內除了有正殿以外，還有園比屋武御嶽石門（⟲ P.68）、守禮門等景點。首里城跡也被指定為世界遺產。

☎098-886-2020（首里城公園管理中心）
⌂那覇市首里金城町1-2 ⏰8：30～19：00
（7～9月～20：00，12～3月～18：00）※入館券販售終止時間為閉園的30分鐘前 ㉺7月的第一個週一和其隔天 ¥入館費用820日圓 P有
‼都市單軌電車首里站步行15分 MAP145 E-3

在鎖之間小憩片刻

在鎖之間，可以吃到茉莉花茶和琉球點心310日圓，還會有穿著琉球服裝的工作人員為您服務。⏰9:30～17:30

守禮門 しゅれいもん

紅瓦屋頂大門是印在兩千日圓鈔票上的建築，是拍攝紀念照的絕佳景點。

歡會門 かんかいもん

進入首里城的第一道門，「歡會」是歡迎的意思。

首里森御嶽 すいむいうたき

據說首里城內有十個御嶽，首里森御嶽為其中一個，也是琉球王國重要的參拜地點。

首里杜館內有資訊展示室、餐廳和商店等等，休息之餘也可以順便逛逛。

在城下町首里
度過悠閒漫步的散步時光

首里作為琉球王國的首都，也曾經是盛極一時的城下町。
因此首里城公園周邊也分布著很多歷史遺產，
邊緬懷琉球王朝的文化，邊悠閒的散步吧！

整個繞上一圈
2小時

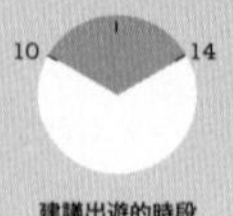

建議出遊的時段

首里城公園周邊除了首里金城町石疊道和玉陵等景點以外，在附近的咖啡廳還可以喝到從琉球王朝時代流傳下來的茶。夏季的沖繩陽光強烈，散步建議在上午進行。

❶周圍林立著紅瓦屋頂的民家，可以看到令人懷念的風景（首里金城町石疊道）❷位於石疊道途中的金城村屋，開放給一般民眾休息 ❸首里金城的大茄苳樹，有六顆大茄苳樹奇蹟似的在戰亂中存活下來

小・小・旅・程・提・案

1 **首里金城町石疊道**

漫步在鋪著琉球石灰岩的美麗坡道上，石疊道全長約300m。

2 **首里金城的大茄苳樹**

從石疊道往裡面再走一小段路即可抵達的聖地，有一片樹齡200年的大茄苳樹林。

3 **玉陵**

盛極一時的琉球王國皇室一族長眠於此，是房屋形的破風墓。

4 **園比屋武御嶽石門**

除了門板以外，全部用琉球石灰岩打造的平唐破風美麗石門。

5 **弁財天堂**

建於圓覺寺跡前的人造池塘「圓鑑池」中央，是有著紅瓦屋頂的祠堂。

6 **圓覺寺跡**

尚家歷代的菩提寺，號稱是沖繩最具規模的古剎。

玉陵 たまうどぅん

據說建造於1501年，為第二尚氏王朝歷代的陵墓，也是沖繩最大的破風墓。是王朝第三代的尚真王為了父親尚圓王所建造。

☎098-885-2861 ⌂那霸市首里金城町1-3 ⏲9:00～17:30 休無休 ¥入場費用300日圓 P無 ‼都市單軌電車首里站步行15分 MAP145 D-3

園比屋武御嶽石門 そのひゃんうたきいしもん

位於石門後方的森林，是被稱為「御嶽」的聖地，石門有禮拜殿的功能，國王外出時會在此祈求平安。

☎098-917-3501（那霸市市民文化部文化財課）⌂那霸市首里真和志町 ⏲自由參觀 P有 ‼都市單軌電車首里站步行15分 MAP145 D-3

走路時要注意腳下

首里城下町的範圍非常廣闊，尤其是首里金城町石疊道是一連串坡度很陡的坡道，建議散步時要穿舒適好走的鞋子。

喝杯傳統的茶小憩片刻

泡泡茉莉花茶 800日圓

嘉例山房 かりーさんふぁん

招牌是沖繩自古以來的泡泡茶，作法是在大缽裡倒入煎米湯、茉莉花茶和山原茶，再用茶筅打出泡沫。

☎098-885-5017 ⌂那霸市首里池端町9 ⓛ10:00～18:00 休週二、三(逢假日則營業) P有 ‼都市單軌電車儀保站步行10分 MAP145 D-2

弁財天堂 べざいてんどう

建立於1502年，歷經戰亂毀壞，現在的弁財天堂是修復後的樣子。通往弁財天堂的天女橋是日本最古老的拱橋，被指定為重要文化財。

☎098-886-2020(首里城公園管理中心) ⌂那霸市首里真和志町 ⓛ自由參觀 P有 ‼都市單軌電車首里站步行15分 MAP145 E-3

圓覺寺跡 えんかくじあと

臨濟宗大本山，在沖繩戰役中受到破壞，大門和石牆等處現在已經修復。放生橋的勾欄被譽為是沖繩石雕藝術的最高傑作。

☎098-886-2020(首里城公園管理中心) ⌂那霸市首里当蔵町 ⓛ自由參觀 P有 ‼都市單軌電車首里站步行15分 MAP145 E-3

首里金城的大茄苳樹是天然紀念物，四周則是聖地，懷抱著敬意參訪吧！

若要在首里用餐
要不要試試看這種餐廳呢？

在首里的街道上，散布著可以享受到正統傳統料理的餐廳、
位置隱密氣氛絕佳的餐廳、沖繩麵的名店等。
散步逛街的途中順便進去吃個飯吧！

用手打沖繩麵填飽肚子
首里 ほりかわ
しゅりほりかわ

巷子裡的隱密沖繩麵名店，
有嚼勁的自製麵條和山原島
阿古豬熬煮而成的清淡湯頭
是絕配。富有彈性的花生豆
腐也很推薦。

☎098-886-3032
🏠那霸市首里真和志町1-27
🕐11:00～17:45 🈳週四
🅿有 🚃都市單軌電車首里站步
行15分 MAP 145 D-3

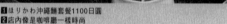

❶ほりかわ沖繩麵套餐1100日圓
❷店內像是咖啡廳一樣時尚

菜單
排骨沖繩麵 750日圓
花生豆腐 210日圓
壌烤排骨 450日圓

❶沖繩豬肉味噌湯定食1050日圓（午餐） ❷門口擺有風獅爺迎接客人

溫馨樸實的家常菜
富久屋 ふくや

利用民宅改裝而成的隱密沖
繩料理店，以湯類料理為主
菜的定食有五種可以選擇，
有用豬肉、香菇和白味噌煮

成的「沖繩豬肉味噌湯」和
豬內臟湯等等，每一種定食
都很有特色，「沖繩豬肉味
噌湯」定食最受歡迎。

☎098-884-4201 🏠那霸市首里当蔵
町1-14 🕐11:30～14:30、18:00～
21:00 🈳週二 🅿有 🚃都市單軌電
車儀保站步行10分 MAP 145 E-2

菜單
炸田芋
550日圓（午餐）
沖繩麵
550日圓（午餐）
蓑衣豬肉（芝麻醬麻豬肉）
550日圓（午餐）

1

1 瑞雲御膳4104日圓（晚餐）
2 美麗的琉球庭園

首里／在首里用餐

邊眺望庭園邊品嘗琉球料理

琉球茶房 あしびうなぁ
りゅうきゅうさぼうあしびうなぁ

位於首里城三司官屋敷跡內，由紅瓦屋頂的民宅改裝而成。白天主要供應沖繩麵和沖繩炒苦瓜等沖繩料理定食，晚上則可以享受到御膳或宴席料理等琉球創意料理。

☎098-884-0035 🏠那覇市首里当蔵町2-13 🕚11:00～15:00、17:00～22:00 ㊡不定休 🅿有 ‼都市單軌電車儀保站步行10分 MAP 145 E-2

菜單

沖繩炒苦瓜669日圓（午餐）
墨魚炒麵756日圓（午餐）
結專席料理5400日圓（晚餐）

邊俯瞰街景邊享用
講究的沖繩麵

しむじょう

利用屋齡50年以上的民家改裝而成的沖繩麵店，腹地內有造於約150年前的石牆和兼做豬舍的廁所等，已經登錄為有形文化財。從店內可以一覽那霸的街景。

☎098-884-1933 🏠那覇市首里末吉町2-124-1 🕚11:00～15:00（售完打烊）㊡週三（4月休第一、第二個週日）、舊曆盂蘭盆節 🅿有 ‼都市單軌電車市立病院前站步行7分 MAP 141 E-1

1 沖繩麵套餐950日圓
2 傳統氛圍的建築物

菜單

沖繩豆腐定食 800日圓
排骨沖繩麵 800日圓
三層肉沖繩麵（中）
670日圓

都市單軌電車首里站在發車的時候，會播放由沖繩民謠「赤田首里殿內」改編成的音樂。

吃起來美味，知道後會覺得有趣的
沖繩料理大集合

毫不浪費地使用當地食材，處處可以看出先人的智慧與用心
沖繩料理很有個性，素材和料理方式豐富多元，讓人倍感興趣
在這裡介紹其中幾道代表料理

炸雙帶烏尾冬

沖繩縣魚雙帶烏尾冬是沒有特殊味道的白肉魚。肉質柔軟。整條下去炸的炸雙帶烏尾冬連骨頭都可以吃

沖繩東坡肉

將仔細挑除去肥肉的豬三層肉，用泡盛酒、砂糖、味噌等調味料長時間燉煮入味。也有店家會用醬油代替味噌調味。

沖繩蕗蕎

生的蕗蕎加鹽稍微醃漬過後，灑上柴魚片後一起吃。拿來炒或是做成天婦羅也很好吃

花生豆腐

將花生和涼薯粉等一起熬煮至凝固的豆腐，口感柔滑軟嫩，最適合當作前菜或是下酒菜

沖繩炒麵線

將麵線、蔬菜、鮪魚一起炒過，用柴魚高湯調味

沖繩豆腐

凝固前豆花狀的沖繩豆腐，加熱並用柴魚高湯和醬油調味後食用

沖繩炒麥麩

將事先用水泡發泡軟的麥麩和洋蔥、豆芽菜等蔬菜一起炒，是很受歡迎的料理

蓑衣豬肉

豬肉表面裹上研磨黑芝麻後蒸至熟透的料理，因為黑芝麻看起來像是蓑衣所以叫蓑衣豬肉

沖繩料理(うちなー料理)是什麼？
指的是沖繩的鄉土家常料理，均衡使用蔬菜、豬肉和豆腐等食材，在鄉土料理店、食堂和居酒屋等地都可以吃到。

滷豬腳
用醬油和砂糖慢慢熬煮入味，是富含膠原蛋白的美容聖品

沖繩煎餅
麵粉加水做成麵糊、加入蔬菜，用柴魚高湯調味後，煎成薄餅，是沖繩風的大阪燒

沖繩豆腐乳
豆腐加入米麴、紅麴和泡盛酒等發酵、熟成後的料理，味道濃厚，風味像起司一般

海葡萄
一種沖繩特產的海藻，顆粒狀的口感讓人忍不住吃了還想再吃，吃的時候沾三杯醋和綠紫蘇醬汁一起吃

沖繩炒苦瓜
將沖繩苦瓜、三層肉和沖繩豆腐等食材一起炒過，用柴魚高湯調味，最後再加入蛋液煮至凝固

煮田芋豬肉
將沖繩特產的田芋，和田芋的莖、豬肉和香菇一起炒過後，加入高湯燉煮成糊狀的料理

用調理方法命名的料理
沖繩料理從菜名上多半無法分辨是什麼樣的料理，但只要認識調理方法的話就比較容易想像是什麼料理。

イリチー

切細的食材用油炒過後，再加入少量的高湯和調味料煮至熟透的調理方法

シリシリー

將使用刨絲器等器具刨成細絲的蔬菜和蛋一起炒的調理方法

ンブシー

一樣是將食材炒過再煮熟的調理方法，但湯汁煮起來比イリチー的料理還要多，多半用味噌調味

熱炒料理最基本的「チャンプルー」，在沖繩方言是「亂攪在一起」的意思。

茶処 真壁ちなー ✉P.24　　　　　第一牧志公設市場 ✉P.52

沖繩的風景②

當地的市場裡擠著販售復古圖案女裝的服飾店、買完東西準備回家的太太們聚集的咖啡廳。

充滿不可思議氛圍的城鎮裡，錯落著水泥壁上寫著英文店名的建築物。

昭和時代的酒館林立的巷弄裡，快破掉的紅燈籠和老舊門簾的組合，不知道為什麼卻讓人覺得很可愛。

在沖繩有很多可以感受到沖繩複雜歷史的「沖繩風景」。

若是想要遇到只有這裡獨有的風景，就往北、往南走吧！

榮町ボトルネック ✉P.55　　　榮町市場商店街 ✉P.54　　　古宇利島 ✉P.114

74

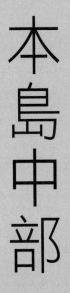

本島中部

西海岸有矗立著垂直斷崖、極具震撼力的海灣，
可以觀賞到沉入地平線的鮮紅夕陽。

也有訴說著過往榮華的城跡、
陶瓷器製作十分興盛的陶瓷器之鄉、
時尚咖啡廳、雜貨店林立的外國人住宅區。

在充滿景點的沖繩本島中部體驗到許多新發現後，
在可以盡情享受沖繩美景和海洋的度假村內，
度過最幸福的時光吧！

美式風味的方型建築物
逛逛港川的外國人住宅小店

「外國人住宅」是指戰後為了駐留美軍的家人所建造的平房住宅，
住宅區內的可愛咖啡廳和雜貨店都是活用了當時的建築品味改裝而成的，
在店內到處都可以看到老闆對品味的執著和溫暖心意。

到可愛的建築內
買口感Q彈的土司

ippe coppe イッペコッペ

土司和司康的專賣店，數量有限的土司1袋320日圓，土司使用北海道產的麵粉、大宜味村喜如嘉的天然泉水、沖繩縣產的天然鹽和天然酵母製作，不使用任何添加物，吃起來很有彈性。

☎098-877-6189
⌂浦添市港川2-16-1 #26 ⏲12:30～18:30(售完打烊) 休週二、三、第三週一 P有
‼西原IC車程5km MAP146 A-4

將麵包裝進紙袋裡帶回家

司康330日圓起，全部共6種口味

陳列著越穿越有味道的衣服

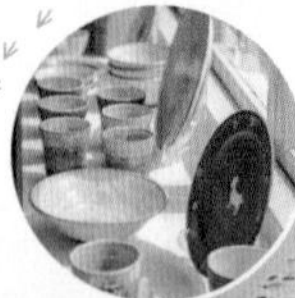

古我知燒山羊系列7寸盤3564日圓、杯子各2376日圓等等

淡綠色的門窗十分漂亮

老闆西村先生用心的製作每一個麵包

白色和淡綠色的外觀給人很清爽的感覺

使用自家栽種香草和特製香辛料的泰國菜

スパイスcafe ホチホチ
スパイスカフェホチホチ

可以吃到打拋豬肉飯和海南雞飯等正統泰國菜，菜色使用的是在自家後院栽種的香草。套餐附湯、沙拉和飲料。

☎098-877-8986
🏠浦添市港川2-12-3 #52 ⏰12:00～15:00 🈺週一、二 Ｐ有 🚗西原IC車程5km MAP 146 A-4

外觀是簡單的西洋式建築

copikdrd
500日圓

平日限定的沖繩熱炒午餐拼盤(附湯、沙拉、飲料、甜點)
1050日圓

鮮黃色和蔚藍的天空形成鮮明的對比

明亮的店內排列著木製的桌椅

辣味溫和的綠咖哩&紅咖哩套餐1100日圓

在沉穩而充滿東南亞氛圍的店內悠閒度過

Cafe bar Vambo·Luga
カフェバーバンボルーガ

東南亞風格的店內分成吧台座位和可以放鬆休息的一般座位。以印尼傳來的花型盤子為靈感，蔬菜為主的沖繩熱炒午餐拼盤很受歡迎。

☎098-878-0105
🏠浦添市港川2-16-8 #21
⏰12:00～22:00 🈺週二 Ｐ有
🚗西原IC車程5km MAP 146 A-4

使用四種莓果的新鮮莓果塔670日圓

奇異果塔
627日圓

充滿簡單而有質感衣物的選貨店

藤井衣料店
ふじいいりょうてん

店內主要販售很有個性的品牌「TIGRE BROCANTE」的衣物，也有販售沖繩陶瓷器、手拭巾、手工肥皂等雜貨，雜貨和T恤多半是在沖繩製造的。

☎098-877-5740
🏠浦添市港川2-15-7 #29 ⏰11:30～19:00(週五～週日、假日則11:00～)
🈺週三 Ｐ有 🚗西原IC車程5km
MAP 146 A-4

新鮮的水果塔令人垂涎三尺

[oHacorté] 港川本店
オハコルテみなとがわほんてん

使用當季水果製作的水果塔專賣店，店內常態販售著約15種直徑7cm左右的小水果塔，除此以外，每個月都會有二三種新商品。販售北歐雜貨的區塊也不容錯過。

☎098-875-2129
🏠浦添市港川2-17-1 #18 ⏰11:30～19:00(內用～18:30) 🈺無休 Ｐ有
🚗西原IC車程5km MAP 146 A-4

天氣好的時候可以在中庭的內用空間用餐

港川地區有很多利用外國人住宅改裝而成的雜貨店和咖啡廳。

重視店家個性的話就到這裡
前往可以感受到獨特樂趣的咖啡廳

想在氣氛良好的咖啡廳裡度過溫暖的片刻、想盡情享受美味的料理、
想和可愛的店狗玩……，這裡將介紹可以滿足這些願望的咖啡廳。
要不要試試在這些悠閒而隨性的咖啡廳享受咖啡時光呢？

在柔和燈光的包圍下享用晚餐

看起來像是隨性擺放的雜貨也很美

以柔和的空間和溫暖的器皿
迎接客人的溫馨咖啡廳

mofgmona ‖宜野湾‖モフモナ

療癒系咖啡廳，寬闊的店內空間使用溫暖的木製裝潢，手作蛋糕和種類豐富的飲料使用沖繩藝術家製作的器皿盛裝，葡萄酒和調酒等酒類飲料也很豐富。

☎098-893-7303 🏠宜野湾市宜野湾2-1-29 1F
🕐17:00～23:00（週五11:30～14:30也有營業，週六為11:30～23:00、週日為11:30～21:30，可能會有變動）🚫週二 🅿有 ‼西原IC車程2km MAP146 B-4

小小的閣樓擺著讓人忍不住想伸手拿來看的書本

這是我在學生時期所打造的引以為傲的空間

前嶋剛先生

mofgmona蛋捲拼盤
1360日圓

menu
蛋糕套餐
……918日圓～
花式調酒
……518日圓～

紅茶（壺裝）
540日圓起

老闆也有在經營雜貨店

從咖啡廳旁邊的樓梯走上去，便是以販售沖繩陶瓷器和玻璃為主的雜貨店。或許也會在這裡找到，之前在咖啡廳所鍾情的藝術家作品。

mofgmona no zakka
モフモナノザッカ
☎050-7539-0473
🏠宜野湾市宜野湾2-1-29 3F🕐12:00～20:00（週一、週四～18:00、週五14:00～，可能會有變動）🚫週二、三 🅿有‼西原IC車程2km MAP146 B-4

放在酥脆的墨西哥脆餅內,健康且分量十足的墨西哥脆餅沙拉900日圓

使用豬肩里肌肉製作的米蘭風味炸豬排午餐(附湯和飲料)1150日圓,美味而且分量十足!

本島中部／前往可以感受到獨特樂趣的咖啡廳

可愛的店狗等著客人光臨
LA風格的咖啡廳

monoca ‖ 北中城 ‖ モノカ

充滿創意的墨西哥脆餅沙拉和奶油蛤蜊濃湯都很受歡迎,在店裡可以不用注意時間,悠閒的用餐。白天多是觀光客或爸媽帶著小孩一起來用餐,夜晚則多是當地人來光顧,非常熱鬧。

店狗monica總是很有活力的迎接客人♥

☎098-935-4117 ⌂北中城村安谷屋971
⌚11:00～22:00(第二、四週日～16:00)
困週一(逢假日則翌日休) ℗有 ‖北中城IC車程3km ⅯⅯⅯ146 C-3

周圍綠意盎然,讓人心情平靜

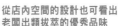
menu
麵包奶油蛤蜊濃湯
(附烤當季蔬菜)
‥‥‥‥1000日圓
巧克力香蕉鬆餅
‥‥‥‥800日圓

從店內空間的設計也可看出
老闆出類拔萃的優秀品味

jiji cafe

‖ 北中城 ‖ ジジカフェ

店內裝潢非常時尚,白天是自由開放的氛圍,晚上則充滿優雅的感覺,白天晚上給人完全不同的印象也是這家店吸引人之處。還可以享用到超越咖啡廳級級的正統美食。

☎098-987-7515 ⌂北中城村島袋1422-3 #1422 ⌚11:30～22:00 困週四 ℗有
‖沖繩南IC車程4km
ⅯⅯⅯ146 C-3

店後方是寬廣的木質基調空間

藍色的門是其標誌

menu
軟骨排骨和豆漿綠咖哩午餐(附湯和飲料)
‥‥‥‥1080日圓
小莒蕨起司蛋糕
‥‥‥‥430日圓

mofgmona的紅茶壺使用的是山ひつじ舍的茶壺,圓潤的外型很受歡迎。

以海中道路連接的島嶼
保留著令人懷念的風景

通過從勝連半島延伸出去的海中道路，前往宇流麻島。
天然海灘的對面是廣闊的海洋、有著紅屋瓦的村落、
肅穆的聖地等等，充滿島嶼獨有的特色。

整個繞上一圈
3小時

建議出遊的時段

從海中道路西口走跨海大橋，通過平安座島、宮城島到伊計島約15km。平安座島和濱比嘉島也可以透過跨海大橋往來。每座島嶼都可以享受到風光明媚的景色。

1 從道路兩側延伸出去的蔚藍海洋
2 海中道路中間在夜間點燈後，呈現了和白天不同的美麗夢幻氛圍

吹拂著舒服海風的全景道路

海中道路
かいちゅうどうろ

海中道路連接勝連半島和平安座島，是全長約4.7km的開放式道路。因為勝連半島和平安座島之間是淺灘，以前可以趁退潮時候步行往來。

☎098-923-7634（宇流麻市商工觀光課）　🏠うるま市与那城屋平　¥免費通行　🅿無　🍴沖繩北IC到海中道路西口車程約13km　MAP 147 E-3

推薦在滿潮的時候開車兜風

可以看到海的天然酵母麵包店

BOULANGERIE CAFÉ Yamashita
ブロンジェリーカフェヤマシタ

平安座島

店內除了販售口感Q彈、淡淡鹹味的命之鹽紅豆麵包以外，還有水雲藻蛋糕捲等等使用了當地食材的麵包。也可以內用。

☎098-977-8250　🏠うるま市与那城平安座425-2 2F　🕚11:00～19:00　休週一、二　🅿有　🍴沖繩北IC車程約18km　MAP 147 F-2

表情都不同的刺蝟麵包各216日圓

順道去Road Park看看吧

Road Park大約位於海中道路中段，最適合在此處稍作休息，其中的あやはし館內還設有特產品商店和餐廳。

1 連接宮城島和伊計島的伊計大橋 **2** 甘蔗田的對面是一望無際的蔚藍海洋 **3** 有名的能量景點志仁禮久靈場（濱比嘉島），內有傳說能保佑人們求子順利的靈石

本島中部／走海中道路前往其他島嶼

可以度過悠閒時光的小民宿

はなりびら

伊計島

位於伊計島村莊內的小民宿，全部的客房都可以看到海景，住宿一天限定最多五組客人，客房的露台設有露天泡澡池。

☎098-977-8800 ⬆うるま市与那城伊計90 ⏰IN15:00 OUT 10:00 🏠5間 ¥1泊2食15800日圓 Ｐ有 ‼沖繩北IC車程約27km MAP 147 F-1

靜靜座落在伊計島村莊內的隱密小旅館，伊計島村莊也還保留著令人懷念的景色

用島色容器盛裝的刨冰

瑠庵＋島色

るあんプラスしまいろ

自製的刨冰糖漿由水果果肉製成，味道濃郁，淋了煉乳的刨冰和陶房gallery島色（P.82）的容器搭配得很完美。

☎050-3716-4282 ⬆うるま市与那城桃原428-2 ⏰10:00～17:30 🈺週三 Ｐ有 ‼沖繩北IC車程約23km MAP 147 F-2

宮城島

為了讓客人可以品嘗到融化了的刨冰，而選用有把手的容器。草莓牛奶750日圓、芒果650日圓

有著平靜氛圍的舊民宅食堂

古民家食堂 てぃーらぶい

こみんかしょくどうてぃーらぶい

濱比嘉島

位於濱比嘉島，將屋齡80年以上的舊民宅改造再生而成的食堂，餐點大量使用了當地蔬菜，可以品嘗到以定食形式供應的沖繩鄉土料理。

☎098-977-7688 ⬆うるま市勝連浜56 ⏰11:00～15:45 🈺週二、第四週三 Ｐ有 ‼沖繩北IC車程約19km MAP 147 F-3

浜のてぃーらぶい定食1100日圓，可以吃到油味噌炒當季蔬菜等六道料理

海中道路禁止路邊停車，要欣賞風景可以到Road Park內的天橋上。

81

在歷史和自然中孕育而成的
宇流麻手作作品

位於海中道路盡頭的是小而富有特色的宇流麻島嶼群，
在這些悠閒而安靜的島上，
誕生了可以感受到沖繩風土和自然特色的藝術作品。

反映出島嶼特色的柔和器皿

陶房gallery島色
とうぼうギャラリーしまいろ

陶藝家島袋克史先生的工房兼藝廊，位於
被甘蔗田環繞的小村莊內，從作品柔和的
顏色和設計中反映了沖繩美麗的大自然風
景。

☎098-977-8086 🏠うるま市与那城桃原428-6
🕐13:00～18:00 🈲週一～五、第二週六、日
🅿有 ‼沖繩北IC車程約23km MAP 147 F-2

作品可以在瑠庵＋島色
（⬆P.81）購買到

在神之島誕生的琉璃珠

緑の風
みどりのかぜ

從工房可以一覽悠閒安靜的漁村風景，當
山小姐所製作的琉璃珠色彩鮮艷，讓人不
禁想起孔雀羽毛的顏色。也可以體驗製作
琉璃珠。

☎098-977-7202 🏠うるま市勝連浜103-3
🕐12:00～17:00 🈲週一、二 🅿有 ‼沖繩北
IC車程約19km MAP 147 F-3

花紋和色彩都很漂亮的琉璃珠

Ichihanari藝術計劃

在宇流麻市各地區舉辦的現代藝術計劃，主要展示立體作品和裝置藝術等，整座小島都會染上藝術色彩。（預定於9～10月舉辦）

從沖繩貝殼中誕生的珠寶

kainowa
カイノワ

位於濱比嘉島的貝殼手作工房&藝廊，將生長於沖繩海洋的夜光貝和高瀨貝研磨後，運用其從內側展現的複雜光澤和自然產生的紋路，做成戒指、墜飾和耳環等。

☎098-977-7860 🏠うるま市勝連浜97
🕐12:00～17:00 🈂週一～五（若事前預約則可營業）Ⓟ無 ‼沖繩北IC車程約19km
MAP 147 F-3

戒指使用久了之後曾慢慢變成霧面的質感

集結了誕生於宇流麻的工藝品

Galleryはらいそ
ギャラリーはらいそ

收集了十一位藝術家作品的選貨店，所選的藝術家都在宇流麻市設有工房。店鋪利用外國人住宅改裝而成，裝潢以白色為基調，店內陳列著陶器、玻璃作品和紅型等等。

☎098-989-3262 🏠うるま市石川曙1-9-24 #137 🕐11:00～16:00 🈂週三、日 Ⓟ有
‼石川IC車程約6km MAP 146 C-1

能遇到珍貴的作品

濱比嘉島有琉球祖神「阿摩美久」的墓。

一望無際的絕美景色讓人看得入迷
探訪西海岸的海岬

顏色隨著時間變化的祖母綠海水、
從垂直斷崖延伸出的雄偉海岬等，
從西海岸望出的壯觀景色，不論是誰都會深受感動。

本島首屈一指的景點

萬座毛 まんざもう

有著大片珊瑚礁的祖母綠海水，和充滿魄力的琉球石灰岩斷崖望出去的壯觀景色，自古以來就是有名的觀光景點，傍晚時分色彩隨著時間而慢慢變化的樣子更是格外美麗。斷崖上覆蓋著天然的草皮，也鋪有完善的步道。

☎098-966-1280（恩納村商工觀光課）⌂恩納村恩納 ⏰自由參觀 Ｐ有
🍴屋嘉IC車程6km MAP 148 B-3

1️⃣高達20m的斷崖，非常有魄力 2️⃣夕陽落下時的海洋景色時時刻刻都在變化

西海岸分布著可以看到絕佳景色的海岬

西海岸地區的國道58號周邊，海岬和海灘等賞景點相連著，最適合邊遠眺海景邊開車兜風。

可看到美景的海岬

蔚藍的海和白色的燈塔形成鮮明的對比
殘波岬
ざんぱみさき

二公里長垂直斷崖綿延的海岬，也是欣賞夕陽的絕佳景點，橘紅色天空中浮現的燈塔剪影非常美麗。周邊整合為殘波岬休憩廣場，設有步道和餐廳等設施。

☎098-958-0038（殘波岬休憩廣場Ti-da33）　↑讀谷村宇座1861　Ⓛ自由參觀　Ｐ有　‖石川IC車程14km
MAP 146 B-1

從斷崖上俯瞰珊瑚礁海
真榮田岬
まえだみさき

面向東海的突出海岬，斷崖上的展望台前面就是清澈透明，可以看到色彩鮮豔熱帶魚和珊瑚礁的美麗海洋。真榮田岬也是很適合潛水和浮潛的景點。

☎098-982-5339（真榮田岬管理公司）　↑恩納村真栄田469-1　Ⓛ8:00～18:30　休無休　¥免費入場　Ｐ有　‖石川IC車程7km　MAP 148 A-4

稍微繞點路

品嘗手工沖繩點心 休息一下
琉球銘菓 三矢本舖 恩納店
りゅうきゅうめいかみつやほんぽおんなてん

沖繩開口笑各90日圓

沖繩開口笑專賣店，有黑糖、紅芋和巧克力等，全部共有8種口味，也很推薦三矢球，三矢球使用了樹薯粉製作，口感十分有彈性。

☎098-966-8631　↑恩納村恩納2572-2　Ⓛ9:00～18:00　休不定休　Ｐ有　‖屋嘉IC車程6km
MAP 148 B-3

夏威夷風的鬆餅
HAWAIIAN PANCAKE HOUSE Paanilani
ハワイアンパンケーキハウスパニラニ

從一大早就覺得很幸福

NUTS NUTS鬆餅800日圓

早上七點一開店就擠滿當地的外國人客人，使用了大量白脫牛奶的獨創鬆餅吃起來鬆軟而富有彈性，店內的鬆餅種類豐富，鹹甜口味共有約15種。

☎098-966-1154　↑恩納村瀬良垣698　Ⓛ7:00～16:30　休無休　Ｐ有　‖屋嘉IC車程9km
MAP 148 C-3

道路狹窄且車流量大的水上運動聖地，通行時要特別注意。

往那霸的入口。那霸回來的方向只有出口。

東海　Mission海灘　名護市　萬座毛　琉球銘菓 三天本舖 恩納店　HAWAIIAN PANCAKE HOUSE Paanilani　恩納村　恩納岳　宜野座村　伊芸SA　Muun海灘　真榮田岬　金武町　殘波岬

本島中部／探訪西海岸的海岬

萬座毛和殘波岬都是很有名的觀日落景點，事先查一下日落時刻吧！

每天都想要使用
在讀谷工房找到的器皿

從手工細心製作的陶瓷作品中可以感受到陶土的溫度，
厚重的玻璃作品摸起來冰涼，卻也可以感受到手作的溫度。
要不要來以陶瓷器出名的讀谷村探訪各個工房呢？

讓人想起沖繩海洋顏色的藍色花紋瓷器

陶器工房 壹
とうきこうぼういち

曾在讀谷山燒窯學習的壹岐幸二先生的
工房兼藝廊，位於高台，工房眼下就是
一望無際的海洋。作品類型豐富，有設
計簡單的器皿，容易使用在日常生活
中，裝飾品則極富藝術性。

☎098-958-1612 ⌂讀谷村長浜925-2
🕐9:00～18:00 困不定休(星期日需確認)
Ｐ有 ‼石川IC車程11km
MAP146 B-1

1 4寸碗各1944日圓 **2** 點點圖案的筷架各540日
圓 **3** 陳列著優雅而容易使用的器皿，不論是日常
生活使用，或是招待客人時都很好用，備受好評

可以當作收納飾品的珠寶盒

附蓋的容器3780日圓，渾圓的
外型很可愛

藍色花紋酒杯
2592日圓

藍色花紋5寸瓷盤
2160日圓

描繪著鮮豔的傳統花唐草圖案咖啡杯盤各5400日圓，後方的茶壺10800日圓

感覺很清涼的玻璃器皿，泡帶圓小缽3150日圓

工房內也可以體驗
製作玻璃作品

陳列著顏色繽紛的
作品

陶瓷產業興盛的讀谷村
讀谷村有豐富的湧泉、木柴、陶土等製作陶器
必備的資源，吸引了陶器師傅從壺屋不斷移居
至讀谷村，開設了陶藝村，因此而形成了「沖
繩陶器之鄉」。

大師製作的溫暖玻璃作品

宙吹ガラス工房 虹
ちゅうぶきガラスこうぼうにじ

位於沖繩陶器之鄉內的玻璃作品藝廊
商店，就在藝術家稻嶺盛吉先生的工
房旁邊，以氣泡玻璃作品為主，餐具
和花器等能為生活增添色彩的作品很
受歡迎。

☎098-958-6448
🏠讀谷村座喜味2748 ヤチムンの里内
🕘9:00～18:00 🈳無休(工房週六下午、
週日休) 🅿有 ‼️石川IC車程10km 🗺146
B-1

獨創的設計很吸引人

玻璃工房 清天
ガラスこうぼうせいてん

使用泡盛酒的廢棄瓶子為主原料，製
作成樸素的琉球玻璃，特色為加入獨
特的「旋轉」、「搖動」設計，商品
便宜而且種類豐富。

☎098-958-1346 🏠讀谷村座喜味1352-1
🕘9:00～17:00(體驗活動～16:30)
🈳不定休(工房週日休) 🅿有
‼️石川IC車程11km 🗺146 B-1

可愛繽紛的泡粒線條杯子各2268日圓，共有6種顏色

沖繩陶器之鄉聚集了讀谷山燒的窯，每年十二月中旬會舉行讀谷山燒陶器市集。

邊感受手作器皿的溫度
邊享受使用やちむん盛裝的溫馨午餐

讀谷村聚集了沖繩陶瓷器藝術家，
因此有多店家會使用藝術家製作的器皿。
享用美味的餐點或是甜點時，說不定也會遇見喜歡的器皿喔！

在被大自然包圍的庭園咖啡內吃健康午餐

蔬菜定食1800日圓（數量有限）
約有十道菜的午餐拼盤，可以搭配紫米飯和湯（另加300日圓）一起吃

七色の風
なないろのかぜ

約6000坪的廣大庭園內，重現了沖繩本島北部的森林風景。在店內可以品嘗到用沖繩陶瓷器盛裝的午餐，餐點使用附近農家栽種的蔬菜，對身體很好。

☎090-3797-3022
⌂讀谷村座喜味板針原2511-2
🕙11:30～17:00 休週一、二
Ⓟ有 ‼️石川IC車程21km
MAP 146 B-1

從窗戶望出去的景色充滿綠意，令人覺得很放鬆

對身體很好的沖繩風宴客料理

紅花定食1458日圓
隨季節更換的炸天婦羅、燉煮料理、豆腐涼拌菜等等，一次可以吃到各式各樣的當季鮮蔬

島やさい食堂 てぃーあんだ
しまやさいしょくどうてぃーあんだ

料理使用當地生產的蔬菜和附近漁港捕撈到的魚類，製作費時費工，更為讀谷山燒器皿增添了色彩。可以享受到樸實的味道。てぃーあんだ御膳可以同時吃到生魚片和沖繩東坡肉，十分受歡迎。

☎098-956-0250
⌂讀谷村都屋448-1
🕙11:00～15:00、18:00～20:00（晚上只有週五～日營業，必須在前一天預約）
休週四 Ⓟ有
‼️沖繩北IC車程13km
MAP 146 B-1

利用舊民宅改裝的海濱餐廳

やちむん是什麼？

やちむん是沖繩方言陶瓷器的意思，圖案花色豐富，從唐草花紋和菊紋等傳統圖案到新穎的顏色圖案都有，繼承傳統的同時也在持續進化中。工房集中在沖繩陶器之鄉 P.87和壺屋通 P.50。

在靠海的美麗咖啡廳享受熱帶風情

燒烤山原嫩雞拼盤1100日圓
多汁的雞肉和原創多料番茄醬汁的搭配非常出色

songbird cafe
ソングバードカフェ

可以一覽西海岸海景的咖啡廳，自然風味的餐點也很受當地外國人的歡迎，早餐和午餐餐點使用讀谷村的食材，味道豐富、分量充足。餐點使用工房コキュ的器皿盛裝。

☎098-923-2773
⌂讀谷村都屋161-2
🕐11:00～16:00（週六、日為9:00～17:00）🈹週一、第二、三週二（逢假日則翌日休）🅿有
‼沖繩北IC車程14km
MAP 146 B-1

可以看到海景的吧台座位

講究讀谷當地生產的陶瓷器商店&咖啡廳

墨西哥捲餅午餐800日圓
自製的餅皮富有彈性、帶有滿滿的玉米的香氣

LOTTA
ロッタ

由和讀谷村有深厚淵緣的藝術家所開設的玻璃和陶器選貨店，在附設的咖啡廳可以吃到墨西哥菜，料理使用當地生產的食材，也有素食者可食用的餐點。

☎098-956-2818
⌂讀谷村都屋272-6
🕐10:00～18:00（咖啡廳為11:30～17:30）
🈹週一、二🅿有
‼沖繩IC車程15km
MAP 146 B-1

店內裝潢以墨西哥風格為概念

沖繩陶瓷器簡單大方，很有沖繩情調，也很推薦在日常生活中使用！

在度假區度過的夜晚
前往美味的餐廳用餐

如果要住在西海岸的度假飯店，
晚餐就到附近的餐廳吃吧！
盡情的享受餐廳時尚的氛圍和美味的料理。

大片的落地窗對面
可以看到夕陽

在沉穩的空間內
品嘗新式沖繩料理

ロケーションダイニング 凪
ロケーションダイニングなぎ

位於甘蔗田盡頭的隱密餐廳，店內裝潢
統一為時尚簡約的風格，給人成熟沉穩
的感覺。料理則是將傳統的沖繩料理加
以變化為新穎的創意料理，使用當地藝
術家所製作的器皿盛裝，讓料理看起來
更豐富美味。

☎098-964-5505
⌂恩納村山田501-3 マリンクラブナギ 2F
🕐17:00～22:30 困週日 ㊅有 石川IC車程
6km MAP 148 A-4

也可以享用以水果製作
的花式調酒各650日圓

menu
● 爽脆沖繩青木瓜
沙拉‥‥‥‥‥‥‥734日圓
● 西式風味的薄切生沖繩縣
產白肉魚‥‥‥‥1242日圓
● 阿古豬五花肉串燒
‥‥‥‥‥‥‥1274日圓等

可以在殘波岬 P.85欣
賞夕陽後過來

西海岸的夕陽景點

Araha海灘（P.37）

萬座毛（P.84）

國道58號

使用沖繩食材加以變化的地中海菜

Casa la Tida

カサラティーダ

店內座位分為五種主題，有可以欣賞到海景的露台座位、以南法和西班牙的民宅為概念的座位等，可以品嘗到用新鮮沖繩食材製作的健康地中海創意菜色。

☎098-982-5858 恩納村仲泊1329-2-2 11:30～14:30、17:30～23:00
休週三(7～9月無休) P有
石川IC車程3km MAP148 A-4

menu
- 草蝦香辣茄醬義大利麵……1814日圓
- 山原香草雞惡魔風烤半雞……1976日圓
- 烤沖繩島豬活力肋排……2041日圓

可以俯瞰海景的露台座位

簡約的店內裝潢

menu
- 烤鬼頭刀和番茄佐巴薩米可醋……1598日圓
- 沖繩東坡肉炒飯（大）……1296日圓
- 炸紅芋……518日圓

在紅瓦屋頂的舊民宅內品嘗義大利菜

mintama ミンタマ

屋齡50年的紅瓦屋頂沖繩舊民宅改裝而成的義大利餐廳，除了常見的義大利菜以外，沖繩東坡肉炒飯等帶有沖繩風情的料理也很吸引人。

☎098-958-6286
読谷村長浜1787-5
11:00～13:30、18:00～23:00 休週日 P有
石川IC車程12km
MAP146 B-1

店內座位很寬敞

如果想要享用新鮮的海鮮料理的話就到這裡

喜瀬のちんぼーら

きせのちんぼーら

menu
- 生魚片拼盤……………1350日圓起
- 沖繩豬東坡肉…842日圓

位於國道58號旁的度假飯店內，店內氣氛讓人放鬆。有使用了沖繩近海海鮮的單品料理和經典的沖繩料理等，料理種類豐富，也很推薦在可以欣賞到喜瀨海灘的露台座位上用餐。

☎0980-52-5151(喜瀬ビーチパレス)
名護市喜瀬115-2 喜瀬ビーチパレス内 17:00～22:30 休無休
P有 許田IC車程3km
MAP149 D-2

度假區內的餐廳幾乎都有附設免費的停車場。

在度假飯店度過大人的時間
透過這次的放鬆之旅讓身心煥然一新

住在和日常生活空間不同的飯店裡，
在飯店的美容沙龍和SPA放鬆身心也是旅行的樂趣之一。
使用沖繩素材的護膚產品和精油解放身心吧！

1 附有罩頂紗帳床鋪的庭院豪華雙人房 2 全部空間都為單人包廂的「CoCo Spa」，在「CoCo Spa」享受使用薑黃和朱槿等沖繩天然素材的護膚療程 3 在庭院做瑜珈和皮拉提斯 4 庭院游泳池中播放著療癒系音樂 5 諮詢後進行足部SPA 6 用客房的薰香爐享受自己喜歡的香味 7 綠意盎然的7000坪腹地內，分布著度假別墅 8 兼具美容和養生的早餐菜色

被清爽綠意環繞的隱密度假村

Coco Garden Resort Okinawa
ココ ガーデンリゾート オキナワ

周圍生長著亞熱帶花草樹木的庭園內，分布著有小木屋、庭園游泳池、SPA和圖書館等設施，提供全部的住宿客茶和咖啡，全客房內也都備有芳療設備。如果連住三晚則可以在「Club CoCo」內享用午餐和進行各種娛樂活動。

☎098-965-1000
⌂うるま市石川伊波501
🕐IN14:00 OUT11:00
🛏96間
🅿有 🚗石川IC車程2km
MAP 146 C-1

① 可以一次享受到山原的海洋、天空和綠意的爽快景色很吸引人 ② 美容沙龍、SPA和精油按摩等，有各式各樣的護膚療程 ③ 寬敞舒適的標準雙床房

腹地廣闊而且綠意盎然的樂園度假村

卡努佳度假村

カヌチャベイホテル＆ヴィラズ

約80萬坪的廣大腹地內建有八棟住宿設施，客房有各式各樣的房型可供選擇，有附按摩池的房型、和式西式合一的房型、可和寵物一起入住的房型等，全部共有十九種。除此以外，還有海灘、高爾夫球場、三個游泳池、餐廳、美容沙龍等娛樂休閒設施也十分完善。

☎0980-55-8880
⌂名護市安部156-2
⏱IN14:00 OUT11:00
▥304間 Ｐ有 ‼宜野座IC車程23km ⅯⅯⅯ149 F-2

費用專案
・標準雙床房1泊附早餐23976日圓～（2人1間／1人的費用）
・杜鵑套房1泊附早餐32076日圓～（2人1間／1人的費用）

① 飯店前方就是長約1km的奧間海灘 ② 在海邊的小木屋內享受精油按摩 ③ 主要的小木屋豪華客房的裝潢是以東南亞現代風為概念

被山原的風、海浪、森林環繞的度假別墅村

沖繩OKUMA日航度假飯店

ジャルプライベートリゾートオクマ

周圍環繞著美麗的白砂海灘和山原森林，腹地內散布著不同類型的小木屋和度假別墅，可以進行水上運動、在山原的大自然生態旅遊等娛樂活動，SPA等美容沙龍設施也很完善。

☎0980-41-2222
⌂国頭村奧間913
⏱IN14:00 OUT11:00
▥184間 Ｐ有 ‼許田IC車程39km ⅯⅯⅯ153 D-3

費用專案
・棕櫚別墅1泊附早餐19440日圓～（2人1間／1人的費用）
・奧間無際藍色海洋樂園（附浮潛活動）1泊附早餐18260日圓～（2人1間／1人的費用）

熱門的護膚療程在住宿當天才預約可能會預約不到，出發前也研究一下做好預約吧！

沖繩首屈一指絕景連綿的西海岸區
在這裡的度假飯店度過最幸福的片刻

沖繩本島西海岸是集結了大型度假飯店的區域，
有地理位置絕佳的飯店，也有休閒設施完善的飯店，
依照自己的需求來挑選吧！

飯店理念是「享受生活」
富著卡福度假公寓大酒店
カフー リゾート フチャク コンド・ホテル

提供優質的服務和能保有隱私的環境，客房共14種房型，有適合女生們一起住的房型，也有適合家族一起住的房型，可以依照一起旅行的成員來選擇，大部分的客房都有獨立的寢室、客廳和廚房，可以享受到像在家裡一般的度假時光，全客房都可以觀賞到海景。

☎098-964-7000
⌂恩著村冨着志利福地原246-1
⏰IN14:00 OUT11:00
🛏333間 Ｐ有 🚗石川IC車程6km MAP 148 B-4

費用專案
・酒店樓高級客房1泊30000日圓～（1間的費用）
・沖繩首屈一指，全客房皆可觀賞到海景的酒店樓高級客房1泊，附自助式早餐35000日圓～（1間的費用）

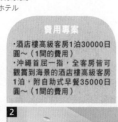

１可以俯瞰海景的游泳池，只開放給住宿的客人使用 ２70平方公尺大的酒店樓套房，1間的費用44000日圓～ ３飯店2樓的Deli&Cafe，餐點可以內用也可以外帶

一覽萬座毛景色，沖繩數一數二的度假村
ANA InterContinental Manza Beach Resort
エーエヌエーインターコンチネンタルまんざビーチリゾート

位於沖繩首屈一指的風景名勝「萬座毛」對岸，周圍被蔚藍的海洋環繞，設有各種設施，如海洋療法的沙龍、可以觀賞到琉球藝能的鄉土料理餐廳等，豐富的水上活動也很吸引人。

☎098-966-1211
⌂恩納村瀬良垣2260
⏰IN14：00 OUT11：00
🛏399間 Ｐ有
🚗屋嘉IC車程7km
MAP 148 B-3

費用專案
・高級雙床房1泊附早餐15000日圓～（2人1間／1人的費用）
・特別豪華樓層雙人房1泊附早餐20000日圓～（2人1間／1人的費用）

１高樓層面海的客房可以一覽萬座毛的景色 ２頂樓的9樓為特別豪華樓層，有39間雙床房，有專用的貴賓室服務 ３海灘浮潛等水上活動也很豐富

進行豐富特色的活動，盡情享受南國的假日

Renaissance Okinawa Resort
ルネッサンスリゾートオキナワ

挑高十一層樓高的透光屋頂
大廳前方就是美麗的私人海
灘，所有的客房都附有陽
台，可以在陽台欣賞海景。
度假村內有各式各樣的餐廳
和海洋療法沙龍，也有海中
漫步等水上活動可以參加。

☎098-965-0707
⌂恩納村山田3425-2
🕐IN14:00 OUT11:00
🛏377間 🅿有
‼石川IC車程5km
MAP 148 A-4

費用專案
・RENAISSANCE雙床房（36平方公尺）1泊附早餐21500日圓～（2人1間／1人的費用）
・蔚藍閃耀的海洋 寬敞舒適的度假村 高級雙床房1泊附早餐15000日圓～（2人1間／1人的費用）

❶RENAISSANCE的海灘有40種以上的水上活動 ❷和海豚近距離接觸的活動非常受歡迎 ❸頂樓的RENAISSANCE雙床房，附免費飲料，還可以使用館內的山田溫泉

本島中部／西海岸的度假飯店

全世界都認可的優質服務

沖繩萬豪度假酒店
オキナワマリオットリゾート＆スパ

位在俯瞰東海的高台上，所
有的客房都可以欣賞到海
景。最高樓層的商務樓層有
專屬的禮賓接待員和商務休
息中心，讓人感受到萬豪集
團的服務品質，提供讓渡假
時光更為舒適的服務。

☎0980-51-1000
⌂名護市喜瀨1490-1
🕐IN14:00 OUT11:00
🛏361間 🅿有
‼許田IC車程6km
MAP 149 D-2

費用專案
・商務雙人房40000日圓～（1間的費用）
・女子派對專案（高樓層客房、附SPA和蛋糕套餐）1泊附早餐13750日圓～（2人1間／1人的費用）

❶從游泳池畔的涼亭望出去可以看到海 ❷14、15樓的商務雙人房，1泊一間55600日圓～ ❸透光的玻璃大廳屋頂

若是要住在西海岸的飯店，推薦順便參加神祕的青之洞窟觀光行程，也有附有接送服務的方案，出發前先查查看吧！

就像待在自己家裡一樣平靜
在小民宿待一整天

在時間緩緩流動的南方島嶼上，
可以讀書、睡午覺、欣賞傍晚時分被染成橘紅色的海等等，
在小小的民宿內，忘記時間的流動，度過悠閒的時光。

1全部的客房都是雙人房，使用大而舒適的加大尺寸雙人床 2位於甘蔗田中間，四周的景色十分安靜而悠閒 3早餐是特製的三明治和當季水果 4打開門就是充滿異國情調的空間 5泡在貓腳浴缸，享受優雅的泡澡時光 6露台和客房中間有蓮花池

「戀愛之島」古宇利島上的隱密度假別墅

hotel cava　ホテルカヴァ

位於古宇利島甘蔗田間，一天只接受三組客人住宿的度假小飯店，客房為獨棟的度假別墅型態，讓客人們都能保有自己的隱私，裝潢以大地色為基調，客房內設置威尼斯玻璃的照明燈具和貓腳浴缸。晚餐（需預約）和早餐由身為廚師的老闆親自下廚製作。

☎090-6866-9009
⌂今歸仁村古宇利2593-2
⏱IN16:00 OUT10:00 ⌸3間
🅿有 ♨許田IC車程30km
MAP 151 E-1

位於可觀賞到海天一色風景的絕佳地點

& Hana Stay
アンドハナステイ

位於古宇利島沿岸，一天只接受二組客人住宿的小度假村。小木屋為希臘的米柯諾斯島風的建築，內部裝潢以白色為基調。小木屋前面是寬廣的綠色草皮，對面則是蔚藍的海洋，只有住在這裡的客人才能欣賞到獨特的日落美景。

☎0980-56-3281
今帰仁村古宇利2281
IN16:00 OUT10:00 ☖2間
P有 許田IC車程30km
MAP 151 E-1

❶位於可以看見東海和伊江島的絕佳地點，腹地也很寬廣 ❷浴室裝潢以白色和藍色為主 ❸客房裝潢簡單大方，可以毫無顧慮的放鬆休息 ❹面對大海的小木屋，大片的窗戶給人自由開放的感覺

費用專案
·從客房和浴室都可以一覽海景♪令人感動的夕陽！1泊附早餐14000日圓～（2人1間／1人的費用）

被海風包圍般靜靜佇立

La Casa Panacea Okinawa Resort
ラ・カーサ・パナシア・オキナワ・リゾート

客房分成標準房型和豪華房型2種，共有8間房間，各有不同風格，可以度過不受打擾的假日，度假村內也有人造海浪的戶外游泳池、低溫三溫暖、瑜珈室等紓壓設施很完善。

☎098-967-7790
恩納村安富祖1355-1
IN15:00 OUT11:00 ☖8間
P有 屋嘉IC車程12km
MAP 148 C-3

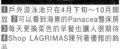

費用專案
·La Casa雙人房1泊附早餐10260日圓～（2人1間／1人的費用）
·Panacea雙人房1泊附早餐11880日圓～（2人1間／1人的費用）

❶戶外游泳池只在4月下旬～10月開放 ❷可以看到海景的Panacea雙床房 ❸每天更換菜色的早餐也讓人很期待 ❹Shop LAGRIMAS陳列著優雅的飾品

帶著喜歡的居家服入住，說不定更能放鬆。

古宇利島 P.114 　　　　　慶佐次川 MAP 153 D-4

  沖繩的風景③

沖繩的綠色森林給人舒服愉快的感覺，
太陽穿過樹葉灑下柔和的光，
彷彿綠色隧道的散步道，
在夏天也很涼爽。
路旁綻放著沒見過的花，
鮮豔的鳥兒在枝上啼叫，
只要在森林中深呼吸，
感覺就像心中也被微風吹過般，
神清氣爽。
雨天的森林也出乎意料的美麗，
雨滴滋潤過的葉子散發著光澤，
看起來格外鮮豔翠綠。
森林無論何時總是等待著我們造訪。

比地大瀑布 P.110 　　山原自然塾 P.112 　　　　群生的水筆仔

98

本島北部

沖繩北部被稱為「山原」的區域有著豐富的大自然，
不只是觀看海景和山景，
更可以乘坐獨木舟悠遊於紅樹林之間，
也可以健行到山上觀看瀑布，
說不定還能遇到稀有的動物和植物！

還有古老小村莊、山裡的森林咖啡廳，
和總是要排隊的美味沖繩麵店，
值得從那霸開車花2～3小時前往。

令人難忘的美景接連不斷
開車繞本部半島一圈

在福木林蔭小路散步後，到海邊的咖啡廳小憩片刻。
穿過兩側的廣大樹林前往世界遺產城跡，
回程不要忘了買可愛的伴手禮。

從許田
IC出發

30km

整個繞上一圈
6小時

備瀬的福木林蔭大道
びせのフクギなみき

福木是種植來保護房屋不被強風侵襲
的防風林，備瀬村落的福木樹齡約有
300年，村落內約有二萬棵的福木，
連小徑兩旁都種滿福木，整個村莊有
如綠色迷宮，到處都是福木林蔭道。

☎0980-48-2371（備瀬區事務所）⌂本
部町備瀬 Ｐ有 ♿許田IC車程30km
MAP 150 B-1

太陽光穿過樹葉灑下
閃亮的光點

也很推薦坐
水牛車在
林蔭大道漫遊

火龍果冰沙700日圓和
南國起司蛋糕680日圓

步行即到

位於可以看到
伊江島的絕佳地點

8km

今歸仁城跡
なきじんじょうあと

今歸仁城總面積4公頃，城牆
全長1.5公里，規模足以和首
里城匹敵，位於北側最高點
的御內原可以欣賞到海和城
牆景色，值得駐足。

☞P.39

CAHAYA BULAN チャハヤブラン

咖啡廳隱藏在備瀬的福木林蔭道
旁，店內裝潢為東南亞現代風格，
從露台座位和店內的大片玻璃窗望
出去可以欣賞到海景。餐點有沖繩
東坡肉丼飯等，共三種。

☎0980-51-7272 ⌂本部町備瀬429-1
⏰12:00～日落 困週三、四(7～9月只休
週三) Ｐ無 ♿許田IC車程30km
MAP 150 B-1

大量殘留的
石頭堆疊是
北殿和南殿的
基石

在備瀨地區要下車散步

悠閒的散步才能盡情享受備瀨的美。除了林蔭道入口有停車場以外，備瀨崎也有區營的停車場。

沖繩島蔬菜直銷店&咖啡廳

Cookhal的
山原漬蔬菜
各540日圓

Cookhal

店內販售農人們自己栽種的農作物&農產加工品，罐裝的醃漬蔬菜和香辛料，都是使用農人們自己栽種的蔬菜製成，最適合當作伴手禮。店內也設有咖啡廳。

☎0980-43-7170 🏠名護市名護4607-1 なごアグリパーク内 🕘9:00～17:00(咖啡廳～16:30) 🈺不定休 🅿有 🚙許田IC車程12km MAP 151 E-4

3km

沖繩風味的甜甜圈

しまドーナッツ

店鋪由舊民宅改裝而成，加了豆渣和豆漿的健康甜甜圈等都在店內烘烤而成，還有紅芋口味、花生口味等，共有10種口味。也可以內用。

☎0980-54-0089 🏠名護市伊差川270 🕘11:00～15:00 (售完打烊) 🈺國定假日 🅿有 🚙許田IC車程10km MAP 151 E-4

紅芋口味、花生口味等
(1個) 170日圓～

19km

大城的城牆

國道58號充滿了南國風情

10km

最後回到許田IC

本島北部／開車繞本部半島一圈

要事先作好防蚊措施，避免在備瀨的福木林蔭道內被蚊蟲叮咬。

這次旅行的最大看點，果然是 沖繩美麗海水族館

大家最想去的沖繩景點第一名都是沖繩美麗海水族館，
大水槽裡數量眾多的魚類、震撼人心的表演，
在大規模的水族館內，體驗最令人難忘的感動。

水族館的
最大看點是「黑潮
之海」大水槽，
美麗而壯觀，
令人不禁讚嘆

乃達尖型頭鮞的
臉部看起來就像是
人臉一樣

**廣闊的海底景色就近在眼前
簡直就像置身在海洋中**

世界最大規模的美麗海水族館，重現了
沖繩的海洋，館內展示約740種、
21000隻的海洋生物。看著鯨鯊和鬼蝠
魟在巨大的水槽內悠游，眼前的景色令
人感覺就像是置身於美麗的海中，在館
內享受片刻的海中散步吧！

沖繩美麗海水族館

おきなわちゅらうみすいぞくかん

☎0980-48-3748
⌂本部町石川424 海洋博公園內 ⏰8:30～
20:00（10～2月～18:30）※最後入館時間為
閉館前一小時 ㊡12月第一星期日和翌日 ¥入
館費用1850日圓 Ⓟ有 ‼許田IC車程27km
ᴹᴬᴾ150 B-1

3F 珊瑚的生物
4F 黑潮探險
2F 美麗海劇場
2F 鯊魚博士展廳
（兇猛鯊之海）
1F 黑潮之海

3F 珊瑚之海
4F 漁夫之門
3F 熱帶魚之海
4F 餐廳「Inoh」
售票口
3F 入口

1F 深海探險區
出口
1F 深層之海
1F 深海觀賞區
1F 海中天象儀

2F 珊瑚之旅（個別水槽）
2F 珊瑚世界
2F 水邊生物群
1F 咖啡廳「Ocean Blue」
2F 鯨鯊站立區
1F 商店「Blue Manta」

整個繞上一圈

🕐 2小時

建議出遊的時段

建議一開館就去，才可以看到最乾淨美麗的水槽，或是可以在16:00以後入館，入館費用會打折，比較划算，這兩個時段人都比較少，可以慢慢的參觀。

很有用的資訊

●門票優惠
在沖繩縣內的便利商店、道の駅許田、伊藝SA等地點有販賣優惠門票，此外，16:00以後在水族館售票口會販售「4點以後門票」。

●語音導覽
水族館內有免費的語音導覽機租借服務，可以聽到各個水槽的解說。必須在一周以前預約。（語音導覽機數量有限）
預約電話☎0980-48-3748（事業負責）

全身都穿著肋紋的花點魟

如何參觀「黑潮之海」大水槽

從各個角度觀賞

在水上棧板觀賞
在水槽正上方的水上棧板可以看到鯨鯊的背脊和大水槽的構造，一天會有7次（3～9月為8次）的水槽解說。
參觀時間　10:00～閉館（14:30～17:30除外）※最後入場時間為閉館時間半小時

在咖啡廳內觀賞
咖啡廳「Ocean Blue」緊鄰著大水槽，靠水槽一側的座位很搶手。

從正面觀賞
位於大水槽正面，約二層樓高的「鯨鯊站立區」約有56個座位。

從上方觀賞
二樓的「美麗海劇場」在上映時間以外，布幕都會拉起來，可以從上往下觀賞到大水槽。

從下方觀賞
大水槽下設有半圓型的空間「海洋觀賞區」。

參加各種活動

水槽解說
使用大螢幕解說水槽內生物的生態，下午的水槽解說還會播放水槽內生態影片。
開始時間　11:30～13:30（解說約15分鐘）

餵食解說
可以看到鯨鯊十分有震撼力的進食景象，鯨鯊的身體會呈現垂直站立的狀態，將餌食連同海水一起吸進去。
開始時間　15:00～17:00（解說約15分鐘）

世界等級的水族館

世界最大規模
「黑潮之海」大水槽
鯨鯊和鬼蝠魟悠遊其中的「黑潮之海」大水槽，寬35m、長27m、深10m，是世界最大規模的尺寸。

世界第一　成功飼養
複數鯨鯊和鬼蝠魟
「黑潮之海」大水槽內棲息著三隻鯨鯊和四隻鬼蝠魟，美麗海水族館是全世界第一個成功在同一個水槽飼養複數鯨鯊和鬼蝠魟的水族館。

世界第一　成功繁殖鬼蝠魟
「黑潮之海」大水槽在2007年成功繁殖了珊瑚礁鬼蝠魟，這是全世界第一次成功的繁殖鬼蝠魟。

三隻鯨鯊中最大的那隻叫做「鯨太」，仍然不斷刷新世界最長的鯨鯊飼養記錄。

本島北部／沖繩美麗海水族館①

黑化鬼蝠魟，俗稱「黑鬼蝠魟」，美麗海水族館是日本第一個展示的水族館

海洋生物都已經迫不及待了
趕快進入水族館一探究竟吧

欣賞著閃閃發亮的海水邊穿過大門，終於進到水族館內部了，接下來會有什麼樣的感動體驗呢？懷抱著興奮的心情開始參觀吧！

START

最大的看點

3F 礁湖中的生物

重現了珊瑚礁淺灘生態的觸摸池，展示了約20種的海星和海參

1F 黑潮之海　水槽解說一日兩次

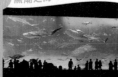

世界最大規模的水槽內，展示了鯨鯊、鬼蝠魟、鮪魚、鰹魚等，約70種的生物，大水槽的魄力，震撼人心。

1F 海洋觀賞區

從下方觀察「黑潮之海」大水槽內的生物，也很推薦坐在階梯式的座位慢慢欣賞

3F 珊瑚之海　水槽解說一日三次

展示約70種的珊瑚。這也是世界第一次有人成功大規模的飼養展示活珊瑚

2F 鯊魚博士展廳

「兇猛鯊魚水槽」內有真正的鯊魚和豐富的資料，讓大家認識鯊魚本來的樣貌

1F 海中天象儀

展示了在海底棲息，會發光的魚和珊瑚，幽暗的空間內，閃爍著微弱的光，充滿了夢幻的感覺

3F 熱帶魚之海　水槽解說一日兩次

約有200種色彩鮮豔的熱帶魚悠游其中，水槽引進自然光，在不同時間和天候下會有不同的氛圍

2F 美麗海劇場

播放以沖繩海洋為主題的高畫質影片，影片節目共有3種，每一種約長20分鐘

1F 商店「Blue Manta」

最後不要忘了買伴手禮，將可愛的玩偶和原創的週邊商品帶回家吧！

可以再次入館

只要在出口和工作人員表示「想要再次入館」，工作人員便會在手上蓋章，再入館的時候只要出示手上的章即可，當天可以入館無數次。

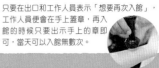

館外也有可以看到海洋生物的設施

背後就是蔚藍的海洋和伊江島，地點絕佳

充滿魄力的跳躍令人忍不住拍手叫好！
海豚劇場

海豚會在這裡表演華麗的跳躍和可愛的舞蹈。也會舉行潛水表演，會有潛水員潛入水槽內介紹海豚的生態。座位皆為自由入座。

表演時間
● 海豚秀
11:00、13:00、14:30、16:00(4～9月17:30也會舉行)／表演時間約20分鐘
● 潛水秀
11:50、13:50、15:30／表演時間約15分鐘

為虎鯨「小虎」是表演秀裡面最受歡迎的明星

可以發現海豚的身體能力非常強

可以見到人魚的原型
海牛館

海牛是草食性的哺乳類動物，從水上和地下的水中觀覽室可以觀察到海牛悠遊姿態。

緩慢的動作看了很療癒

游泳的姿態像是在海洋中飛翔
海龜館

飼養了玳瑁、綠蠵龜、赤蠵龜等五種海龜，主要的水池邊也設有讓海龜產卵專用的砂池。

從地下觀覽室觀察

和可愛的海豚近距離接觸
海豚潟湖

海豚潟湖就位在海豚劇場旁邊，每天都會舉行觀察會，用淺顯的說明解說海豚的生態。

海豚觀察會
10:00、11:30、13:30、15:00／解說時間約15分鐘

翡翠海灘

沖繩美麗海水族館　P-9
海牛館
海龜館
海豚潟湖

這裡是離水族館最近的停車場

北側入口

海豚劇場　P-7　P-6
綜合服務處　P-5
海洋文化館　中央入口
沖繩鄉土村　P-3
可體驗彈奏三味線　P-4(巴士專用)
P-2

海洋博公園 MAP
Ｐ 停車場

熱帶夢幻中心　P-8
熱帶・亞熱帶都市綠化植物園
114　名護市區

本頁的資訊皆為2016年3月的資訊。

負離子讓身心煥然一新
能親近森林的溫馨咖啡廳

在森林中的咖啡廳，可以感受到滿滿的綠意，令人心情愉快。
大自然的力量和樸實的料理讓人身心放鬆，
在咖啡廳盡情享受純淨的空氣和悠閒的時光吧！

邊欣賞風獅爺邊品嘗沖繩的點心

やちむん喫茶 シーサー園
やちむんきっさシーサーえん

融入在亞熱帶森林中的紅瓦
屋頂咖啡廳，咖啡廳由沖繩
民宅的主屋和東屋、別屋構
成，在店內可以品嘗到黑糖
善哉和沖繩煎餅等傳統點
心，欣賞店內隨處可見的風
獅爺悠閒度過也很有趣。

☎0980-47-2160
⌂本部町伊豆味１４３９
🕐11:00～19:00 休週一、二
（逢假日則營業）Ｐ有 ♨許田
IC車程18km MAP 150 C-3

1森林中的休息處，二樓有綠側座位
2黑糖善哉500日圓、沖繩煎餅500
日圓等

被茂密的森林圍繞的隱密咖啡廳

Cafe ichara
カフェイチャラ

咖啡廳四周圍繞著原生筆筒
樹林，所見之處都是濃濃的
綠意。招牌料理是用石窯烘
烤的自製披薩，盛裝料理的
器皿則使用當地陶藝家的作
品。露台座位的設計讓人感
覺彷彿飄浮在森林空中，可
以在露台座位度過悠閒的森
林咖啡時光。

☎0980-47-6372
⌂本部町伊豆味2416-1
🕐11:30～16:15 休週二、三
（逢假日則營業）Ｐ有 ♨許田
IC車程17km MAP 151 D-3

1充滿綠意的開放式露台座位 2很
有嚼勁的ichara披薩（小）1300日圓
3位於溪谷的獨棟房子

沖繩的森林能讓心靈感到平靜

沖繩北部森林生長著長椎栲和筆筒樹等1000種以上的植物,在森林中盡情深呼吸,親身體驗森林的療癒效果吧!

悠閒氛圍的麵包店&咖啡廳

Bakery and Cafe Coo
ベーカリーアンドカフェクー

為了守護大福木而建造的舊民宅麵包店,麵包使用日本國產小麥和天然酵母製作,帶有微微的甜味和豐富的彈性。在露台座位可以邊享受舒服的微風,邊享用三明治和冰沙。

☎0980-56-3308
⏁今帰仁村今泊3313 ⏱10:00
~17:00 困週二、三 Ⓟ有
‼許田IC車程26km
MAP 150 C-1

1 店門前的大福木是咖啡廳的象徵
2 法國麵包三明治580日圓

在白色洋房享受西餐全餐

森の食堂smile spoon
もりのしょくどうスマイルスプーン

座落在綠色森林中,歐式風情的咖啡廳兼餐廳,店內擺設著復古風家具,充滿悠閒氛圍,在店內可以品嘗到花功夫精心製作的精緻料理全餐,全餐的菜色每週都會替換。

☎0980-47-7646 ⏁本部町伊豆味2795-1 ⏱11:00~16:00
困週三 Ⓟ有
‼許田IC車程15km
MAP 151 D-3

1 從生長著綠草皮的庭園內望出去可以看到八重岳 2 柔和的陽光穿過樹葉照進店內,十分明亮

森林咖啡廳多半位於汽車導航無法導航到的地方,記得先查好附近的地標!

縣道84號是沖繩麵大道
來一趟吃得飽飽的兜風吧！

貫穿本部半島的國道84號兩側，
分布著各式各樣的沖繩麵店，
多吃幾家互相比較也很有趣，找看看自己最喜歡的沖繩麵吧！

1 沖繩麵專門店きしもと食堂
おきなわそばのせんもんてんきしもとしょくどう

創業於明治時期的老店，開店以來的傳統
風味已經傳承了四代，加了木荷灰汁
的麵條，和用日本國產柴魚片熬煮
而成的湯頭，非常搭配。

☎0980-47-2887
🏠本部町渡久地5 🕚11:00～17:30
（售完打烊）🈺週三
🅿有 🍜許田IC車程23km
MAP 150 B-3

沖繩麵（大）
650日圓

2 居食屋かりー亭
いしょくやかりーてい

湯頭不使用醬油，而是大量使用和
本部漁業協會直接進貨的柴魚片熬
煮，吃起來清爽而豐富甘甜

☎0980-47-5657
🏠本部町伊野波323-1
🕚11:30～14:00、17:30～22:30
🈺週日 🅿有
🍜許田IC車程
21km
MAP 150 B-3

三層肉
沖繩麵
750日圓

3 きしもと食堂 八重岳店
きしもとしょくどう やえだけてん

「沖繩そばの專門店きしもと食
堂」的姐妹店，富有彈性的麵條、
柴魚片熬煮而成的湯頭等等，可以
吃到和老店一模
一樣的味道。

☎0980-47-6608
🏠本部町伊野波
350-1 🕚11:00～
19:00（17:00～
後售完打烊）
🈺無休 🅿有
🍜許田IC車程
20km
MAP 150 C-3

沖繩麵（大）
650日圓

4 八重善 やえぜん

墨魚沖繩麵一日只賣十份，可以品
嘗到濃郁的墨魚湯頭。店內也可以
品嘗到沖繩的家常菜。

☎0980-47-5853
🏠本部町並里342-1 🕚11:00～18:00
（售完打烊）🈺週二（逢假日則翌日休）
🅿有 🍜許田IC車程20km
MAP 150 C-3

墨魚
沖繩麵
910日圓

沖繩美麗海水族館
🅡1 沖繩麵專門店
　きしもと食堂
　3 きしもと食堂
　　八重岳店
🅡
本部町役場
84
🅡居食屋2
かりー亭
🅡 4八重善

5 山原そば
やんばるそば

創業至今已經40年，維持著創業時的味道，是開店前就大排長龍的熱門店家。清爽甘甜的湯頭和硬度剛好的麵條非常搭配。

☎0980-47-4552
⌂本部町伊豆味70-1
🕐11:00～15:00
（售完打烊）
🈺週一、二 🅿有
‼許田IC車程17km
🆕MAP 151 D-3

排骨麵
900日圓

なかやま家
沖繩麵（中）
700日圓

5 山原そば R

6 そば屋よしこ
そばやよしこ

招牌菜是豬腳沖繩麵，放在麵上面的豬腳柔軟到用筷子一夾就可以分開，配菜的蒿苣也有畫龍點睛的作用。

☎0980-47-6232
⌂本部町伊豆味2662
🕐10:00～16:00 🈺週五、舊曆盂蘭盆節最後一天 🅿有 ‼許田IC車程15km 🆕MAP 151 D-3

R 6 そば屋よしこ

R 7 なかやま家
（84）

7 なかやま家 なかやまや

麵條由附設的製麵工房製作，很有嚼勁，搭配的湯頭使用豬骨和柴魚片熬煮而成，味道豐富濃郁。招牌菜是燉煮得十分入味的甜辣排骨，加點沖繩炊飯只要50日圓。

☎0980-53-1122
⌂名護市中山837-3
🕐10:30～15:30（週六、日、國定假日～16:00）
🈺無休 🅿有 ‼許田IC車程14km 🆕MAP 151 D-3

8 むかしむかし

自製的麵條加入了用草木灰製成的天然鹼水。以當天早上採收的自家種植蔬菜做為配料的島野菜沖繩麵相當值得推薦。

☎0980-54-4605
⌂名護市中山694-1
🕐11:00～18:00
🈺週四（逢假日則營業）🅿有
‼許田IC車程13km 🆕MAP 151 D-4

R 8 むかしむかし

🍍OKINAWA 水果樂園
🍍名護鳳梨園

豬腳
沖繩麵
700日圓

(58)

🚗名護市區

島野菜
沖繩麵
700日圓

本島北部／縣道84號是沖繩麵大道

縣道84號兩側不只有沖繩麵店，還有水果的主題樂園。

充滿負離子
山原森林的大自然之旅

沖繩本島北部被稱為「山原」，
是茂密生長著亞熱帶植物的自然區域，
能親近大自然的生態旅遊也很受歡迎。

以壯觀的瀑布為目標，努力前進
比地大瀑布
登山健行

比地大瀑布位於比地川上游，落差高達25.7m，是沖繩本島最大的瀑布。森林中的登山步道鋪設得十分完善，步行約40分鐘即可抵達瀑布，可以輕鬆散步。

比地大瀑布
ひじおおたき

☎0980-41-3636（比地大瀑布露營場管理處）　⊞國頭村比地781-1　⏰9:00～16:00（11～3月～15:00）　⊞天候不佳時　¥入場費用500日圓、露營地14塊（一頂一晚2000日圓）、淋浴間10分鐘200日圓　露營場內設有炊事處、廁所、自動販賣機　🅿有　🍴許田IC到比地大瀑布露營場車程40km，到比地大瀑布步行40分　MAP 153 E-3

以瀑布為目標出發吧！
健行的起點在比地川的下遊，活用周圍景觀的登山步道鋪設得十分完善，全長約1.4km。

充滿負離子，令人神清氣爽

終於到達瀑布了
瀑布充滿震撼力的水流和周圍涼爽的空氣，讓身體的疲勞一掃而空，在岩石和河岸好好休息放鬆一下吧！

抵達登山健行的景點
健行的中點是長50m、高17m的吊橋，從吊橋上可以俯瞰比地川，蔚藍的天空和綠色森林的對比也很美麗。

開始走沒多久，就發現了匯入溪流的小河

不斷延伸的階梯
登山步道不時會有階梯和陡坡，對運動不足的人來說爬起來會有點辛苦，累了就休息一下再前進吧！

為了防曬、防蚊蟲叮咬，上衣最好穿著薄長袖，鞋子則穿著濕掉也沒關係的運動鞋或是運動涼鞋，夏天一定要記得戴帽子。

划獨木舟和在河川戲水
盡情享受大自然

划獨木舟
叢林探險

以安波水庫上游為目標，划獨木舟在山原森林間前進，約3個小時的探險之旅。開始時間為9:30和13:30（夏季和冬季的行程內容不同）

山原學習之森
やんばるまなびのもり
☎0980-41-7979
🏠国頭村安波1301-7
🕘9:00～16:30（需在二天前預約）困無休
¥6800日圓（冬季為4100日圓，包含導遊費用、救生衣租借費用、點心費用）P有
🍴許田IC車程60km
MAP 153 F-3

首先要學會獨木舟的
基本操作方法
教練會用淺顯易懂的方式說明槳的拿法和划法，讓第一次參加的人也可以安心參加叢林探險。

充滿野外求生的感覺，非常刺激

本島北部／山原森林的大自然之旅

在河川邊戲水（夏季限定）
在這裡離開獨木舟，將胸部以下浸到河水中，繼續朝上游前進，也順便觀察一下水邊的生物吧！

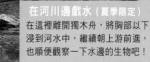

兩個人協力合作，
順利的穿過綠色叢林
划獨木舟在森林中前進，森林中生長著茂盛的羊齒蕨和桫欏等亞熱帶植物，只要兩個人一起多划一下，步調動作就會慢慢趨於一致了。

在涼爽的
岩石區小憩片刻
獨木舟划約30分鐘後，就會到達目的地岩石區，在這裡喝熱飲和吃沖繩點心，休息一下。

點心是花草茶和零食

比地大瀑布禁止跳水和游泳，不妨在登山道上散步，感受涼爽的空氣吧。

111

尋求亞熱帶的風景，要用什麼方式遊覽紅樹林？

慶佐次川位於山原地區東海岸，
擁有沖繩本島最壯觀的紅樹林。
乘獨木舟或是走散步道，出發去紅樹林探險吧！

划獨木舟遊覽紅樹林

和熟知山原大自然的導遊一起划獨木舟進行慶佐次川生態旅遊，划雙人的泛舟用橡皮艇在草木蔥蘢的紅樹林中前進，導遊在途中會停下划槳的手，以簡單易懂的方式說明植物和動物，可以享受到探險的感覺，也可以認識大自然，親身感受大自然的豐饒和可貴之處。

和在岸邊看到的景色不同，感覺很新鮮

盡情享受舒服的風和美麗的景色

慶佐次川獨木舟遊紅樹林之旅

費用／6000日圓（包含導遊費用、保險費用、獨木舟租借費用等等）
所需時間／約3小時
預約／需要在一天前預約
出發時間／依潮汐時間而異
營業期間／一整年

山原自然塾

やんばるしぜんじゅく
☎0980-43-2571
🏠東村慶佐次82 🕐受理預約時間8:00～18:00 🈚無休
🅿有 🚗許田IC車程31km
MAP 153 D-4

靠近長得像是章魚腳的紅樹林根

旅程途中也可以到海灘散步和撿拾貝殼石頭

可以遇見這些動物

紫陸寄居蟹

特徵是身體為鮮艷的紫色，也被指定為日本天然紀念物

寬額大方蟹

巧妙的藏身於樹枝之中，找得到牠嗎？

紅樹林是什麼？

紅樹林是紅樹林科植物的總稱，這些植物都生長在海水和淡水混合的半海水域。慶佐次川生長著紅茄苳、木欖、水筆仔這三種種類的紅樹林植物。

健行在紅樹林之間

只有在退潮的時候，才有機會觀察到棲息在紅樹林裡的生物。山原自然塾還舉辦了自然生態觀察之旅，可以一邊在步道上散步，一邊接觸慶佐次川的生態系。也可以悠閒地觀賞在潮淹區上彈跳的銀身彈塗魚，模樣相當可愛，或是色彩鮮豔的紅色招潮蟹等生物的姿態。

慶佐次川數量最多的植物就是紅茄苳

走在東村紅樹林生態公園的步道上

退潮時景色會變得完全不同

退潮時紅茄苳的根部會露出來

紅樹林健行

費用	2000日圓（包含導遊費用、保險費用）
所需時間	約1小時
預約	需要在一天前預約
出發時間	退潮時
營業期間	一整年

山原自然塾 P.112

可以遇見這些動物

紅色招潮蟹

雄招潮蟹的特徵是一邊的螯會比較大

銀身彈塗魚

彈塗魚的一種，在沖繩被稱為「咚咚咪（ドンドンミー）」

本島北部／要用什麼方式遊覽紅樹林？

山原自然塾還有划獨木舟穿過紅樹林出海，結合划獨木舟和健行的行程。

113

在四周環繞著蔚藍海洋的古宇利島上
盡情呼吸新鮮的空氣

古宇利島和屋我地島間由古宇利大橋連接，
傳說是「神居住的島」，有稱為「七森七御嶽」的祭祀場所，
也流傳著類似亞當與夏娃的故事，也被稱為「戀愛之島」。

景色絕佳的公路，所見之處皆是蔚藍海洋

古宇利大橋
こうりおおはし

連接屋我地島和古宇利島的跨海橋梁，總長1960公尺，大橋在蔚藍澄澈的海面上筆直地延伸，是絕佳的兜風路線。橋下的海水也相當透明，在陽光的照射下會發出祖母綠色的閃耀光輝。免費通行。

☎0980-56-2256（今歸仁村經濟課） ⯅今帰仁村古宇利～名護市済井出 Ⓟ無 ‼️許田IC車程22km MAP 151 E-2

1 在蔚藍的海洋與天空間筆直延伸的大橋 2 從古宇利島的山坡上可以看到古宇利大橋 3 注意橋上禁止路邊停車

古宇利島是這樣的一座島嶼

位於本部半島東北方，繞一周約8km，有很多傳統的舊民宅和大片的甘蔗田，島上的氣氛很悠閒。

看得出來是心形的嗎？

原始海灘上有著開闊的淺海
Tinu海灘 ティーヌはま

位於古宇利島北部，海水的透明度高，淺灘棲息著熱帶魚。海灘上看起來像是心形的「心形礁岩」是古宇利島的象徵，也是最熱門的景點。

☎0980-56-2256（今歸仁村經濟課）
⌂今歸仁村古宇利 ⏰自由參觀 Ⓟ有
‼許田IC車程31km MAP 151 E-1

日本國內第五長的拱橋
Warumi大橋 ワルミおおはし

連接本部半島和屋我地島，全長315公尺，風景名勝Warumi海峽就近在眼前，景色絕佳的兜風路線，免費通行。

☎0980-56-2256（今歸仁村經濟課）
⌂今歸仁村天底～名護市我部 ‼許田IC車程20km MAP 151 E-2

沐浴在陽光下，盛開的朱槿

古宇利島

古宇利大橋

屋我地島

屋我地海灘

屋我地大橋

讓人感受到自然偉大的天然海灘
Tokei海灘 トケイばま

位於古宇利島最北端，依舊保有原始自然樣貌，景觀十分漂亮的天然海灘，在淺灘地區可以觀賞到許多岩石被海浪侵蝕而形成的「壺穴」。

☎0980-56-2256
（今歸仁村經濟課）
⌂今歸仁村古宇利 ⏰自由參觀
Ⓟ有 ‼許田IC車程28km
MAP 151 F-1

發現了V型的貝殼，可以當作幸運物

本島北部／前往古宇利島

從露台座位可以享受到180度的全景
t&cとうらく
ティーアンドシーとうらく

可以品嘗到使用了當地食材的創意料理和甜點，在開放式的露台座位可以邊遠眺古宇利大橋和伊江島邊放鬆休息，店內也有販售陶器和雜貨。

小憩片刻

在開放式的露台座位可以觀賞到一望無際的海洋與天空

☎0980-51-5445 ⌂今歸仁村古宇利1882-10
⏰10:00～18:00 休週三不定休 Ⓟ有
‼許田IC車程24km MAP 151 E-1

村落內的道路較為狹窄，開車通過時要慢慢開，也推薦開車繞古宇利島一圈兜風。

兜風途中順道停留吃一下
公路休息站&市場的小點心

分布在本島各地的休息區和產地直銷市場內，
常會販售只有在當地才吃得到的美食，
休息時要不要順便吃個小點心呢？

充滿南國美食&甜點
おんなの駅 なかゆくい市場
おんなのえきなかゆくいいちば

三矢球（1個）100日圓

販售早上現摘的沖繩蔬菜
&水果、當地藝術家所製
作的工藝品、點心等等。
圖為麵糰加了樹薯粉製成
的油炸點心，口感富有彈
性。

☎098-964-1188 ⌂恩納村仲泊1656-9 ⏰10:00～19:00
㊡無休 Ⓟ有 ‼石川IC車程4km MAP148 A-4

販售豐富的美食和伴手禮
道の駅 許田
みちのえききょだ

黑糖善哉300日圓

2015年的「旅行愛好者
所選的日本全國公路休息
站排行榜！」第一名，是
非常受歡迎的設施。圖為
黑糖善哉，上層的刨冰淋
了大量黑糖蜜。

☎0980-54-0880（山原物產中心）⌂名護市許田17-1
⏰8:30～19:00（餐廳為11:00～18:30）㊡不定休
Ⓟ有 ‼許田IC車程1km MAP149 D-2

全國最南端的休息區
道の駅 いとまん
みちのえきいとまん

芒果善哉（夏季限定）600日圓

糸滿市是沖繩縣前幾大的
漁業城鎮，這裡也販售著
漁業城鎮獨有的新鮮海
產。圖為芒果善哉，使用
自製的牛奶糖漿搭配新鮮
芒果，非常對味。

☎098-992-1030（糸滿市物產中心遊食来）⌂糸滿市西崎町
4-19-1 ⏰9:30～19:00（依店家而異）㊡無休（依店家而異）
Ⓟ有 ‼那霸機場車程8km MAP154 B-3

直接販售山原的特產品
羽地の駅
はねじのえき

三月菓子（1個）70日圓

主要販售本島北部的農牧
產品，夏季也會販售芒
果，同時也設有熟食店、
天婦羅店和餐廳等等。照
片是舊曆三月三日女兒節
會吃的油炸點心。

☎0980-58-2358 ⌂名護市真喜屋763-1 ⏰9:00～19:00（餐
廳～17:00）㊡無休 Ⓟ有 ‼許田IC車程14km
MAP151 F-4

無限多的樂趣

休息區和產地直銷市場最適合在兜風時停下來
休息，不只有販售美味的點心，還有販售沖繩
特有的少見蔬菜和水果，休息時也找找看吧！

可以吃到山原森林的天然農產品

道の駅 ゆいゆい国頭
みちのえきゆいゆいくにがみ

國頭甜甜圈（1個）162日圓

販售國頭村產的農產品和
當地限定的甜點，也有介
紹民俗文化的區塊。圖為
使用了沖繩縣產的全麥
粉、樹薯粉和豆漿製成的
甜甜圈。

☎0980-41-5555（國頭村觀光物產中心） ⌂国頭村奥間1605
🕘9:00～18:00（餐廳為11:00～16:30）休無休
P有 ‼許田IC車程36km MAP153 D-3

四周有森林和海洋圍繞，盡情享受大自然

道の駅 おおぎみ
みちのえきおおぎみ

扁實檸檬霜淇淋300日圓

販售當季的蔬菜、水果、
大宜味產海葡萄、100%
的扁實檸檬原汁和糖蜜
等。圖為口味清爽簡單的
霜淇淋。

☎0980-44-3048 ⌂大宜味村根路銘1373 🕘8:30～17:30
（依店家而異）休無休 P有 ‼許田IC車程27km
MAP153 D-3

「芒果之鄉」豐見城市的市場

JAおきなわ 菜々色畑
ジェイエイおきなわなないろばたけ

芒果柔滑半熟布丁350日圓

市場內販售各種使用了特
產芒果的商品，也設有餐
廳。圖為加了大量椰子糖
漿的芒果布丁，非常柔軟
滑順。

☎098-850-8760 ⌂豊見城市豊崎3-86 🕘9:00～19:00（餐廳
～17:00）休無休 P有 ‼那霸機場車程7km
MAP154 B-3

新鮮蔬菜和沖繩藥草的寶庫

ハッピーモア市場
ハッピーモアいちば

綠色冰沙（小）300日圓

市場利用溫室改裝而成，
販售在市場內栽培的無農
業蔬菜和藥草。圖為使用
沖繩蔬菜打成的綠色冰
沙。

☎098-896-0657 ⌂宜野湾市志真志1-247-1
🕘10:00～18:00 休週日 P有 ‼西原IC車程3km
MAP146 B-4

天氣好的時候，買了點心後就當場吃掉，享受一下點心時光也很不錯呢！

沖繩本島／公路休息站&市場的小點心

 沖繩的風景 ④

沖繩苦瓜炒豆腐和沖繩麵，
花生豆腐？沖繩味噌湯？
不管是常見的料理，
還是有著奇特名字的料理，
想吃的料理，
總之全部都先吃了再說。
明明已經吃得很飽了，
還是受不了南國熱帶甜點的誘惑，
不禁心生動搖。
「這次旅行好像一直都在吃」，
下次來沖繩旅行時，
大概也會說同樣的話吧？
因為沖繩的食物就是這麼吸引人。

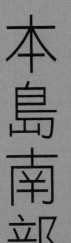

本島南部

一望無際的整片甘蔗田和蔚藍海洋。
沖繩本島南部充滿令人懷念的景色。

稱為「神之島」的久高島和聖地齋場御嶽等，
是和琉球王國有深厚淵源的地方，
也有傳達著悲慘戰爭記憶的地方。

邊兜風邊欣賞海洋和天空的鮮明對比，
途中順道繞去海邊的咖啡廳休息，或是在沙灘上悠閒度過時光，
前往悠閒的本島南部吧！

南部的絕景讓人感動
沿著海邊來場爽快的兜風

開在南部的兜風道路上，可以看到閃閃發亮的海洋全景，
沖繩本島南部有大片美麗的藍色海洋和寧靜悠閒的甘蔗田
開車盡情在本島南部馳騁兜風吧！

海天一色的壯麗風景

1 Nirai橋·Kanai橋
ニライばしカナイばし

連接縣道86號到國道331號的大彎道，全長660公
尺，橋上可以看到360度的全景，景色絕佳的陡坡讓
人忍不出發出讚嘆。免費通行。

☎098-948-4611（南城市觀光協會）　⌂南城市知念吉富
🕐自由參觀 🅿無 🍴南風原北IC車程17km 📍155 E-2

「Niraikanai」是位於海洋彼端的桃花源的意思

被天空和海洋環繞的全景景色

2 知念岬公園
ちねんみさきこうえん

公園位於突出的知念半島東部，景
色絕佳，眼前就是整片的美麗海
洋，海岬前端還可以看到Komaka
島和久高島。

☎098-948-4611（南城市觀光協會）
⌂南城市知念久手堅 🕐自由入園
🅿有 🍴南風原北IC車程16km
📍155 E-2

讓人心曠神怡的景色

新原海灘旁邊的秘密景點

4 百名海灘
ひゃくなビーチ

南城市玉城的海灘，氣氛悠閒寧
靜，位於新原海灘（📖P.37）東
側，從新原海灘沿著海灘走即可抵
達，也是當地人熟悉的熱門海水浴
場。

☎098-948-1103（新原海洋中心）
⌂南城市玉城百名 🕐自由入場
🅿有 🍴南風原南IC車程11km
📍155 E-3

可以看到蔚藍海洋的歷史水源

3 垣花樋川
かきのはなひーじゃー

從丘陵山腰湧出的河川，也是名水
百選之一。被石頭包圍起來的男川
和女川，自古以來就被用來洗澡、洗
衣和洗菜等，水量豐富、水聲磅礡，
作為令人放鬆的景點也很受歡迎。

☎098-946-8817（南城市觀光商工
課）⌂南城市玉城垣花 🕐自由參觀
🅿無 🍴南風原南IC車程11km 📍155
E-3

位於視野很好的地點

若想安靜度過一天就推薦來這裡

那霸機場自動車道
南風原北IC
506
南風原IC
豐見城IC

331

南城市

P.124 齋場御嶽

86

1 Nirai橋‧Kanai橋

331 2 知念岬公園

7 atelier+shop S COCOCO
GANGALA之谷‧

3 垣花樋川
玉城城跡

5 もずくそばの店 R くんなとぅ

507

4 百名海灘
新原海灘

6 奧武島
S 中本てんぷら店 P.27

▲糸滿市

水雲藻沖繩麵700日圓，自製的麵條加入了奧武島特產的水雲藻，搭配清爽的湯頭

在漁夫之島悠閒的旅行

6 奧武島 おうじま

位於南城市外海150m之處，繞一週約1.6km，漁業非常興盛。在漁港附近的いまいゆ市場可以吃到新鮮的生魚片，炸天婦羅店在當地也很受歡迎。

☎098-948-7632（奧武島漁業組合）
⌂南城市玉城奧武 🚗南風原南IC車程11km
MAP 155 D-3

❶寧靜悠閒的漁業小鎮景色 ❷有短短的橋將奧武島和本島連接起來

大量使用了水雲藻的健康沖繩麵

5 もずくそばの店 くんなとぅ
もずくそばのみせくんなとぅ

在露台座位可以邊看海邊吃飯

位於盛產水雲藻的奧武島對岸，招牌菜是使用了大量當地產水雲藻的沖繩麵，除此之外，生水雲藻、水雲藻醋和水雲藻果凍也很受歡迎。午餐也有附水雲藻飯。

☎098-949-1066 ⌂南城市玉城志堅原460-2 ⏰11:00～18:30
休無休 P有 🚗南風原南IC車程10km MAP 155 D-3

販售手作作品和講究的雜貨

7 atelier+shop COCOCO
アトリエショップコココ

陳列著縣內藝術家作品的選貨店，店內除了陶藝家店長ヨコイマサシ先生製作的器皿以外，還陳列著紅型、柿涉染、氈製品等。也有預約即可參加的陶藝體驗活動，充滿綠意的庭園也設有小咖啡廳。

陳列了染着沖繩海色的杯子等作品

☎090-8298-4901 ⌂南城市玉城當山124
⏰11:00～17:00左右（咖啡廳為週四～週六11:30～15:00左右）
休週二、三 P有 🚗南風原南IC車程8km MAP 155 D-3

本島南部／沿著海邊的絕景兜風

獨佔眼前一整片的海洋與天空
在海邊的咖啡廳享受安靜下午茶時光

欣賞閃閃發亮的蔚藍海洋也是沖繩旅行的樂趣之一，
在以海景為賣點的個性派咖啡廳，聽著海潮聲，
度過愉快的片刻吧！

能遠眺太平洋的絕佳視野

カフェくるくま

位於沖繩首屈一指的絕佳地點，從高台上可以一覽太平洋海景。在店內可以品嘗到使用了自家栽培新鮮香草的亞洲創意菜色，其中又以泰國主廚所製作的正統泰國菜最受歡迎。

☎098-949-1189 🏠南城市知念字知念1190 ⏰10:00～18:00（週二～17:00、4～9月～19:00）困無休 ℗有 🚗南風原北IC車程19km
MAP 155 E-2

1在露台座位可以享受到爽快的海風 2珍珠善哉（左）和くるくま善哉（右）各420日圓 3可以在咖啡廳旁邊的庭園邊散步邊欣賞景色

在天然沙灘上吃正統的尼泊爾菜

食堂かりか
しょくどうかりか

新原海灘是一整片的透明海水和潔白沙灘，在這片海灘上可以吃到正統尼泊爾菜，除了雞肉咖哩、豆子咖哩、肉末咖哩以外，還有炸豆子薄餅、蒸餃子等，菜色十分豐富。

☎050-5837-2039 🏠南城市玉城百名1360 ⏰10:00～20:00（週二～16:00，依時期可能會有變動）困無休 ℗有 🚗南風原南IC車程10km
MAP 155 E-3

1在沙灘上的開放式座位可以欣賞到新原海灘的景色 2咖哩特餐1350日圓，可以吃到兩種尼泊爾咖哩 3標誌是手寫的招牌

本島南部／海邊的咖啡廳

可以欣賞到滿潮和退潮時不同的海景

浜辺の茶屋
はまべのちゃや

建於海岸線上淺灘的小木屋咖啡廳，新月和滿月滿潮時海面會上昇到窗戶底端，坐在咖啡廳中就好像浮在海面上。在店內可以品嘗自製麵包做成的三明治和熱狗等餐點。

☎098-948-2073 ⌂南城市玉城字玉城2-1 ①10:00～19:30（週一～14:00～）⛱無休 ⓟ有 ⚑南風原南IC車程10km MAP 155 E-3

1 眼前的風景就像繪畫一樣 2 加上大量蔬菜的鄉村三明治594日圓

從高台上遠眺最棒的全景景色

Cafeやぶさち
カフェやぶさち

座落於山崖上的白石灰牆咖啡廳，能俯瞰壯觀的太平洋和百名海灘，從店內整片的玻璃落地窗望出去，可以將百名海灘盡收眼底。欣賞海景的同時還可以一邊品嘗以法國菜&義大利菜為基調的餐點。

☎098-949-1410 ⌂南城市玉城百名646-1 ①11:00～日落⛱週三（逢假日則營業）ⓟ有 ⚑南風原南IC車程11km MAP 155 E-3

1 露台座位可以一覽百名沙灘 2 墨西哥章魚飯的午餐套餐（附沙拉、湯、飲料）1200日圓 3 座落於面海的高台上，地點絕佳

琉球最神聖的地方，
齋場御嶽心靈之旅

沖繩分布著許多琉球人信仰中心的聖地，稱為「御嶽」，
齋場御嶽是保留琉球開創天地傳說的地方，
遊覽齋場御嶽，讓思緒馳騁在神話世界裡吧！

齋場御嶽 せーふぁうたき

齋場御嶽是傳說中琉球的創世神「阿摩美久」在建國之初所造的七個御嶽之一；也是最高層級的御嶽。穿過傾斜而相互倚靠的巨岩後，東側可以看到久高島。齋場御嶽也是世界遺產。

☎098-949-1899（綠之館・セーファ）
🏠南城市知念久手堅539
🕒9:00～17:30（11～2月～17:00）
🈲2017年5月26～28日、11月18～20日 🈷入場費用300日圓 🅿有（南城市地域物產館🔖P.125）🚻南風原北IC到南城市地域物產館車程16km，到齋場御嶽步行7分 MAP 155 E-2

齋場御嶽充滿神秘的氛圍

琉球國的建國神話

現在流傳的神話是住在天界的阿摩美久接到天帝的造島命令，而降臨到了久高島，在創造人類所居住的土地時，生了三男二女，而建立了琉球國。

寄滿 ゆんいち

寄滿是王府用語中廚房的意思，據說由來是因為琉球當時貿易十分興盛，聚集了全世界的貿易品，而被稱為「豐收之地」。

三庫理 さんぐーい

兩座巨石和三角形空間交錯的地方都是祭祀場所，遠眺東側的海洋彼端可以看到久高島。

大庫理 うぶぐーい

從御門口進入後第一個看見的祭祀場所，位於左手邊。大庫理也有大廳和最上位的意思，以前琉球最高層級的神女「聞得大君」的即位儀式就在這裡舉行。

約70m　約50m

寄滿　●　三庫理

大庫理

約100m

這裡是入口

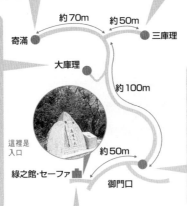

綠之館・セーファ

約50m

御門口

御門口 うじょうぐち

進入御嶽參拜的入口，六個香爐表示了這裡祭祀場所的數量。以前的人是在這裡面向御嶽內參拜。

綠之館・セーファ みどりのやかたセーファ

先在這裡看影片了解參觀齋場御嶽的禮儀後，再前往齋場御嶽。館內也設有休息的地方。

如何參觀

在南城市地域物產館購買入場券後，徒步7分到齋場御嶽。因為前往齋場御嶽的道路多為石板路，也有坡道，容易滑倒，請穿著好走舒適的鞋子來參觀。

南城市地域物產館

なんじょうしちいきぶっさんかん

館內陳列販售著南城市的吉祥物「南城爺爺」的週邊商品和當地特產，館內也設有咖啡廳。

☎098-949-1667 ⌂南城市知念久手堅539 🕘9:00～18:00（依店家而異）、入場券販售時間為9:00～17:15（11～2月～16:45）⚑無休 🅿有 🍴南風原北IC車程16km MAP 155 E-2

齋場御嶽現在也是很多人所信仰的聖地，參觀時要懷抱著敬意。

在祈願之地思考和平
在平和祈念公園將和平心願牢記在心上

距離現在70年前以上的沖繩，
舊日本軍和美軍的激烈戰爭反覆上演，
懷抱著祈求和平的願望，造訪過去的激戰地吧！

1糸滿市摩文仁有整理得非常漂亮的公園 **2**寧靜的景色和過去的慘劇呈現強烈的對比 **3**園內設計的流水和植物，彷彿是在撫慰悲傷的歷史

讓人想深深祈求和平的祈願之地

平和祈念公園 へいわきねんこうえん

公園為第二次世界大戰最後一場陸地戰役的地點，也是沖繩戰爭最大的激戰地，戰後整建為公園，園內種植著鮮豔多彩的花草植物，有沖繩縣平和祈念資料館、平和之礎、沖繩平和祈念堂、國立沖繩戰歿者墓苑、各縣的慰靈塔等設施。

☎098-997-2765（沖繩縣平和祈念財團）
🏠糸滿市摩文仁 🕗8:00～22:00 🈲無休 💰免費入園 🅿有
🍴那霸機場車程17km 🗺154 C-4

 🕊 了解沖繩戰役

從1945年（昭和20年）4月開始，長達二個月的沖繩陸上戰爭，據說就連避難到南部的12萬平民也無一倖免。

6月23日是一個特別的日子

1945年（昭和20年）6月23日是沖繩戰役實際上終結的日子，在沖繩縣是「慰靈之日」，因此各機關店家會公休一天。平和祈念公園在這天會舉行紀念儀式。

●●●●●● 懷著和平的心願，遊覽平和祈念公園 ●●●●●●

沖繩縣平和祈念資料館
おきなわけんへいわきねんしりょうかん

館內展示了關於沖繩戰役的貴重資料，如照片和遺物等，也有重現居民避難用的自然洞窟的裝置。

☎098-997-3844 ⏰9:00~17:00（第2常設展示室~16:30）㊡無休（7月第三週二~週四休）㊅入館費用300日圓 MAP 154 C-4

沖繩平和祈念堂
おきなわへいわきねんどう

為了祈求長久的和平與追悼戰歿者而建造，內有超越人種、國家、思想和宗教等所有限制的祈念像。

☎098-997-3011
⏰9:00~17:00 ㊡無休 ㊅參觀費用450日圓 MAP 154 C-4

平和之礎
へいわのいしじ

不分國籍、軍人或是平民，在沖繩戰役犧牲的24萬多人名字都刻在這個紀念碑上，每年6月23日慰靈之日，會有很多遺族前來獻花。

平和之火
へいわのひ

自美軍第一次登陸沖繩的阿嘉島所採來的火種，並聯合廣島市的「平和之燈」、長崎市「誓約之火」一起燃燒著。

本島南部也分布著和沖繩戰役相關的景點

姫百合塔 ひめゆりのとう

追悼在沖繩戰役死亡的「姫百合學生」的慰靈碑，是很多人會造訪、祈求和平的場所。

☎098-997-2100（姫百合平和祈念資料館）🏠糸滿市伊原671-1 自由參觀、姫百合平和祈念資料館為9:00~17:00 ㊡無休 ㊅入館費用310日圓（姫百合塔為免費參觀）🅿有 ✈那霸機場車程14km MAP 154 C-4

平和之塔 へいわのとう

建立於1952年（昭和27年），收集了喜屋武周邊的遺骨，17年後遷到了喜屋武岬重建。

☎098-840-8135（糸滿市商工觀光課）🏠糸滿市喜屋武 自由參觀 🅿有 ✈那霸機場車程16km MAP 154 B-4

舊海軍司令部壕 きゅうかいぐんしれいぶごう

舊日本海軍的司令部，司令官和多數將士壯烈死亡的戰壕，也設有資料館。

☎098-850-4055 🏠豐見城市豐見城236 ⏰8:30~17:00（7~9月~17:30）㊡無休 ㊅參觀費用440日圓 🅿有 ✈那霸機場車程5km MAP 140 C-4

平和祈念公園的停車場很大，不要忘了自己將車子停在什麼地方。

騎腳踏車隨性逛逛
「神之島」久高島

傳說是琉球創世神阿摩美久降臨，開始建國的島嶼，島內也持續守護著從琉球王朝時代開始的信仰和傳統。

整個繞上一圈
4 小時

建議出遊的時段

從南城市安座真港搭乘渡輪約20分鐘、搭乘高速船約15分鐘，即可抵達久高島的德仁港。久高島整座島嶼都是神聖的土地，也有禁止進入的區域，遵守規定繞這個全程8km的平坦小島一圈吧。

1 傳說久高島是離位於海洋彼端的樂園「Niraikanai」最近的島嶼 2 在村落間延伸的神之田，角落是傳說連接了天與地的石頭「天之門」 3 神女在侍奉神之前用來洗淨身體的聖泉水 4 騎腳踏車繞久高島一圈 5 久高島的玄關德仁港 6 通往燈塔的神祕林蔭小路 7 在久高小學校門口發現了風獅爺 8 Megi海灘的夕陽

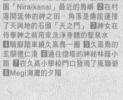

フボー御嶽
沖繩七御嶽之一，也是最高等級的靈場，因為是祈求感謝神明的心和人們安事的場所，所以禁止進入

浪漫小路
視野絕佳的散步道，可以一覽本島的景色，走下中段的樓梯後，可以看到一整片天然的白沙灘

久高御殿庭
以前女性聖職者進行儀式的祭祀殿，有燻製小屋，用來燻製獻給國王的海蛇

• カベール（ハビャーン）
植物群落

• ヤグルガー

久高島

久高漁港

御殿 うかみ
• 外間御殿

安座真港

• Megi海灘

久高小學·中學

• 民宿西銘

• 燈塔

すみれストア

德仁港

カベール（ハビャーン）
久高島東北端的海岬，傳說是創世神阿摩美久降臨的神聖場所，有一整片美麗的沙灘

食事処とくじん
しょくじどころとくじん

德仁港附近的食堂，可以吃到特產海葡萄、久高島秘傳的料理、燻製海蛇湯等料理。

☎098-948-2889 ⌂南城市知念久高238 ⊕11:30～20:00 ㊡不定休 🅿無 ‼德仁港即到 ⅿᴀᴾ129

腳踏車出租店たまき
德仁港附近的腳踏車出租店，1小時300日圓

海葡萄蓋飯1050日圓，海葡萄的顆粒威讓人忍不住一口接一口

Ishiki海灘
傳說通往海洋彼端樂園的沙灘，有裝了五穀的壺漂流到這裡，因為是聖地所以禁止在海裡游泳

村落以外的地方沒有自動販賣機和可遮蔽太陽的地方，出發之前要先準備好飲料，並做好防曬措施。

瀨底大橋 MAP 150 B-3

海中道路 P.80

沖繩的風景 5

一口氣穿過蔚藍的海與天空的交界，
在沖繩能得到這種像是
夢境一般的體驗。
從這座島通往另一座島，
開車馳騁在跨過
閃亮湛藍藍海洋的大橋上，
會遇見像是融入了
周圍藍色風景一般，
令人神清氣爽的瞬間。
今天也打開車子的窗戶，
盡情感受舒服的微風和
微微的海潮香味，
穿過那座橋吧！

伊計大橋 P.81　　　Warumi大橋 P.115　　　Nirai橋・Kanai橋 P.120

本島周邊的島

坐船才能抵達的這些島嶼，有著和本島不太一樣的氛圍，
海洋和動植物的顏色看起來也更深，到底是為什麼呢？

從那霸的泊港搭乘高速船約1小時，
前往指定為慶良間諸島國家公園的座間味島。
夏天可以進行水上活動，冬天則可以賞鯨，是非常受歡迎的島嶼。

從北部的本部港搭乘渡輪約30分鐘，
慢慢接近被暱稱為「タッチュー（前端尖尖的東西）」的城山後，
就抵達伊江島了。
令人震撼的自然地形和悠閒寧靜的海灘十分吸引人。

要不要到這些島嶼度過離島特有的時光呢？

在透明藍色海洋的包圍中
在座間味島度過一整天

慶良間諸島都有著全世界數一數二的透明海水，
座間味島是慶良間諸島其中的一個島嶼，
要不要來座間味島度過一個悠閒的假日呢？

沖繩本島

座間味島

慶良間諸島

座間味島

周邊圖 ▶附錄2

正上方
為北方

1:100,000
1km

東海

座間味村

P.133 慶良間
泛舟活動中心

♣神之濱展望台

阿真海灘 ▶

嘉比島

阿嘉島

座間味村鯨魚的
故鄉交流廣場

座間味島

ℝ 豚々茶舖 座間味本店 P.133

座間味
座間味村役場

高月山

▶古座間味海灘

座間味村漁港

Ⓢざまみむん市場 P.133
座間味村賞鯨協會 P.133

安室島

太平洋

座間味島的一天

❶古座間味海灘，有著離島特有的純白沙灘與藍色海洋，非常美麗 ❷感覺時間流動得很緩慢（古座間味海灘）❸在高月山展望台可以一覽圓弧形的古座間味海灘風景 ❹路旁盛開著色彩鮮艷的九重葛 ❺島上設備很完善的中、小學 ❻阿真海灘最適合悠閒的做海水浴 ❼有機會遇見海龜，慶良間泛舟活動中心（☑P.133）❽從神之濱展望台看到的夕陽風景，是大自然送給住在這座島上的人的禮物 ❾座間味村落最大的105ストアー ❿在阿真海灘撿到心形珊瑚

從那霸泊港搭乘高速船到座間味島約要1小時，搭乘渡輪約要2小時。可以徒步、租車、租腳踏車或是租機車遊逛港口周邊的村落，建議事先打電話至座間味島那霸營業處預約。
☎098-987-2277（座間味島觀光服務處）
☎098-868-4567（座間味村那霸營業處）

悠閒的島嶼旅行中可以順道前往的景點

獨特的豬肉包×咖啡廳
豚々茶舖 座間味本店
とんとんちゃほざまみほんてん

一級點心師傅所製作的豬肉包和燒賣很受歡迎，阿古豬豬肉包套餐900日圓。
☎098-987-2235 ⌂座間味村座間味125
🕐8:00～9:30（需預約）、12:00～14:30、18:00～23:30 🈺週五中午 🅿無 🚏座間味港步行5分 MAP132

販售座間味島限定的伴手禮
ざまみむん市場
ざまみむんいちば

位於座間味港碼頭內，販售豐富的雙帶烏尾冬加工品、水雲藻加工品和小東西等伴手禮。
☎070-5536-3934（座間味島物產協同組合）⌂座間味村座間味地先1-1 座間味港夕ーミナル內 🕐9:00～17:00 🈺無休 🅿有 🚏座間味港即到 MAP132

體驗冬季限定的感動
座間味村賞鯨協會
ざまみそんホエールウォッチングきょうかい

在船上觀賞在慶良間近海洄遊的座頭鯨體驗活動非常受歡迎。
☎098-896-4141（只在活動期間受理）⌂座間味村座間味地先1（12月下旬～4月上旬（受理預約時間8:30～17:00）🈺活動期間無休 💴賞鯨活動5400日圓（約2小時，包含搭船費用、導遊費用、保險費用）🅿有 🚏座間味港即到 MAP132

在慶良間的海洋盡情玩耍
慶良間泛舟活動中心
ケラマカヤックセンター

划海洋獨木舟前往無人島或是私人海灘，也有浮潛體驗活動。
☎098-896-4677 ⌂座間味村座間味125-2 🕐受理時間9:00～18:00（冬季～17:30）🈺不定休 💴1day行程（約6小時，包含午餐、租借器材費用、導遊費用、保險費）12000日圓 🅿有 🚏座間味港步行5分 MAP132

想去馬上就可以去
前往鄰近的樂園——伊江島

伊江島是位於本部半島西北方的小小島嶼，
在伊江島可以欣賞到各式各樣的美景，
有寧靜的海灘、海岸線的斷崖絕壁、盛開著百合的公園等。

1 湧出展望台 わじてんぼうだい
海風吹過高聳的斷崖

可以俯瞰高達60m的斷崖和碧綠海洋的風景名勝，海浪拍打
海岸時會湧出淡水，過去曾經是島上的水源。

☎0980-49-2906(伊江
村役場商工觀光課)
🏠伊江村東江上
🕐自由參觀 🅿有
🍴伊江港車程6km
MAP 135

斷崖和白色海浪交織而成的美麗風景

2 百合原公園
リリーフィールドこうえん
蔚藍海洋和白色的麝香百合形成鮮明的對比

公園位於北海岸，每到4月麝香百合和色彩鮮艷的
各種百合就會盛開，黃金週時會舉行百合祭。

☎0980-49-2906(伊江村役場商工觀光課) 🏠伊江村東江
上 🕐自由參觀 🅿有 🍴伊江港車程3km MAP 135

盛開著100萬朵的麝香百合

3 千人洞 ニャティヤどう
海邊的巨大洞窟

穿過洞窟後大海便會映入眼簾，在沖繩戰役被當作防
空洞，拯救了很多人的性命。

☎0980-49-2906(伊江
村役場商工觀光課)
🏠伊江村川平
🕐自由參觀 🅿有
🍴伊江港車程3km
MAP 135

因為可以容納很多人所
以被稱為「千人洞」

4 伊江島物產中心
いえじまぶっさんセンター
渡輪碼頭內販賣特產品的商店

販賣特產花生所製成的冰
淇淋220日圓，和用島上的
湧泉和黑糖製作而成的碳
酸飲料等。

☎0980-49-5555 🏠伊江村川平
519-3 🕐7:00～16:00 🈺無休
🅿有 🍴伊江港即到 MAP 135

伊江汽水各220日圓

> ### 伊江島的交通資訊
> 搭乘從本部港出航的渡輪約30分鐘，平日一天有
> 四班渡輪，來回的渡輪費用為1370日圓。伊江島外
> 圍鋪有完整的縣道，開車不用多久就可以繞一圈。
> ☎0980-49-2906(伊江村役場商工觀光課)

盡情暢遊伊江島的秘訣

可以搭第一班渡輪（9:00開船）到伊江島，再搭最後一班渡輪（16:00開船，夏季為16:30開船）回到本部港。

位於伊江港附近的道路旁

5

すずらん食堂 すずらんしょくどう

家庭式味道的當地食堂

供應燉煮料理、沖繩麵、苦瓜炒豆腐等沖繩獨有的料理，不論是哪一道料理分量都很多。

☎0980-49-5575 ⌂伊江村東江前461 ⏰11:00～16:00 ㊡不定休 Ⓟ有 ‼伊江港車程1km ᴍᴀᴘ135

6

城山 ぐすくやま

眼前就是360度全景色

城山是伊江島的象徵，也被暱稱為「タッチュー」，從半山腰步行10分鐘即可抵達山頂，從山頂可以一覽周圍的島嶼。

☎0980-49-2906（伊江村役場商工觀光課） ⌂伊江村東江上1 ⏰自由參觀 Ⓟ有 ‼伊江港車程2km ᴍᴀᴘ135

海拔172m，陡峭的階梯一路延伸至山頂

7

島村屋觀光公園 しまむらやかんこうこうえん

以悲戀故事為背景的公園

公園位於島村屋敷跡內，島村屋敷跡曾經是悲戀故事的舞台，公園內的資料館展示著農具和生活用具。

☎0980-49-2422 ⌂伊江村西江上17 ⏰9:00～16:00 ㊡不定休 ¥入園費用300日圓 Ⓟ有 ‼伊江港車程1km ᴍᴀᴘ135

公園內豎立著悲劇《伊江島ハンドゥー小》女主角的雕像

8

伊江海灘 いえビーチ

在波浪平穩的海灘上悠閒度過

伊江村青少年旅行村內的海水浴場，美麗的白沙灘沿著木麻黃樹林延伸將近一公里。

☎0980-49-2906（伊江村役場商工觀光課） ⌂伊江村東江前2439 ⏰9:00～18:00 ㊡無休 ¥入場費用100日圓 Ⓟ有 ‼伊江港車程3km ᴍᴀᴘ135

海灘設有更衣室和淋浴間，方便舒適

本島周邊的島／鄰近的樂園──伊江島

渡輪的停車空間不多，若想要開車一起搭渡輪要提早預約，伊江村公營企業課（船舶係）☎0980-49-2255

沖繩的交通資訊

在沖繩本島的交通方式有租車、搭乘都市單軌電車、路線巴士等，
移動也是旅行的一部分，享受舒適的片刻吧！

租車的人一定要看
沖繩的道路資訊

沖繩高速公路收費表（一般汽車）

	許田	宜野座	金武	屋嘉	石川	沖繩北	沖繩南	北中城	西原	西原Jct	那覇
西原Jct										—	200日圓
西原										160日圓	200日圓
北中城									200日圓	270日圓	310日圓
沖繩南								200日圓	320日圓	370日圓	410日圓
沖繩北							190日圓	290日圓	400日圓	460日圓	500日圓
石川						230日圓	330日圓	440日圓	550日圓	600日圓	650日圓
屋嘉					140日圓	290日圓	370日圓	480日圓	590日圓	640日圓	680日圓
金武				—	170日圓	370日圓	460日圓	560日圓	670日圓	730日圓	770日圓
宜野座			170日圓	—	330日圓	500日圓	580日圓	680日圓	790日圓	840日圓	880日圓
許田		170日圓	330日圓	—	480日圓	630日圓	720日圓	810日圓	920日圓	980日圓	1020日圓

沖繩的道路常識

●不可行駛於巴士專用道

在那霸市區的道路，在平日早晚的尖峰時刻設有巴士專用道，在規定的時間內一般汽車和租用車都禁止通行，如果違規會被取締。

●中央分隔線會變動

縣道29號等容易塞車的道路，在規定的時間內中央分隔線會有變動，標示中央分隔線位置的標誌位於頭頂上，禁止通行的車道則會亮X的燈號。

到主要觀光景點的距離和時間

								邊戶岬
						沖繩美麗海水族館	約1小時40分 65km	
					萬座毛	約1小時5分 43km	約1小時50分 72km	
				美濱美國村	約45分 28km	約1小時20分 72km	約2小時 102km	
			平和祈念公園	約1小時5分 31km	約1小時 56km	約1小時45分 99km	約2小時30分 128km	
		首里城公園	約40分 19km	約35分 16km	約40分 42km	約1小時25分 85km	約2小時10分 114km	
	國際通	約15分 5km	約35分 17km	約35分 16km	約45分 45km	約1小時30分 90km	約2小時15分 119km	
那霸機場	約15分 5km	約30分 10km	約35分 17km	約45分 21km	約1小時15分 56km	約2小時30分 101km	約3小時30分 136km	

※標記的所需時間僅供參考。
也有利用高速公路的路線。
所需時間會依道路狀況而產生相當大的差異，
注意不要把時間抓得太緊。

如果回程班機因為颱風而取消了該怎麼辦？
向預定要搭乘的航空公司櫃台拿號碼牌，班機
可以起飛後，等叫到自己的號碼後就可以辦理
登機手續了。若是要在沖繩多待一天的話，可
以先詢問之前住的飯店能不能多住一晚。

從那霸機場前往各地區

抵達那霸機場後，首先要決定移動的交通方
式，依照自己的目的地，選擇租車或是搭乘
都市單軌電車等交通工具。

如果想要隨性遊逛的話建議租車移動，在那霸中心地區移動可以搭乘都市
單軌電車，要在本島內悠閒的逛逛的話則可以搭乘路線巴士，除此之外，
還有行駛於那霸機場和中北部的度假飯店區之間的利木津巴士。

搭乘都市單軌電車移動

都市單軌電車是從那霸機場到首里的單軌電車，路線總長
12.9km，共有15個車站。票價230日圓起（只搭一站則為
110日圓），從那霸機場到首里票價為330日圓，所需時間
為27分鐘，往首里的第一班車為6:00，最後一班車為
23:30，每6～15分鐘行駛一班。

買一日乘車券比較划算
如果要多次搭乘都市單軌電車的話，可
以購買不限次數搭乘的一日自由乘車
券，一日乘車券票價為700日圓，附
有首里城公園、玉陵、てんぷす那
霸等，那霸市內特定的觀光景點折
扣優惠。

搭乘路線巴士移動

路線巴士分為行駛於那霸市內的市內線，以及開往於南部、
中部、北部的市外線，每一條路線都有系統編號。因為常塞
車，巴士通常不會依照時刻表上的時間抵達，搭乘的時候不
要把時間抓得太緊。

如何搭乘巴士
先確認往目的地的巴士系統編號
後再上車，如果需要轉乘的話則
要先到起點的那霸巴士總站。市
內線的票價一律為230日圓。

※那霸巴士總站施工資訊：因為都市單軌電車旭橋站周邊正在進行再開發工程，那霸
巴士總站周邊的巴士站暫時遷至2018年3月底，詳情資訊請詢問各巴士公司。

租車移動

如果要租車，則務必要在出發前預約，有的租車公司在網路
上預約會有折扣，可以事先查詢。除此之外，本島內在機場
周邊、Tギャラリア沖繩by DFS、飯店等地點都有租車處，
可以依照自己的旅行路線選擇要在哪裡租車。

沖繩縣最大規模的租車站「レンタカーステーション沖繩」
位於沖繩暢貨中心あしびなー對面
的大型租車站，由兩家大型租車公
司構成，腹地內還設有加油站。
MAP 154 B-3

洽詢專線
※不含免責補償費用
※有些租車公司提供網路預約折扣

🈴=機場有營業處
🈂=Tギャラリア沖繩by DFS有營業處
●日本租車 🈴🈂
☎098-859-0919（沖繩預約中心）
1000cc24小時7020日圓～
●TOYOTA租車 🈴🈂
☎098-857-0100（那霸機場店）
1000cc24小時7020日圓～
●OTS租車 🈴🈂
☎098-856-8877（臨空豐崎營業所）
1000cc24小時6480日圓～

要穿什麼？要吃什麼？
沖繩的季節月曆

期待已久的沖繩旅行，
要穿什麼去？當季的水果是什麼？有什麼花可以看？
參考日曆先查好想知道的各種事情吧！

※平均氣溫、降雨量為1981年～2010年的那霸平均記錄（來自日本氣象廳官網資料）

平均氣溫、降雨量	花季、季節作物‧食物	適合的服裝

月份	降雨量	平均氣溫	花季、季節作物‧食物	適合的服裝
1月 January	107mm	17.0°c	朱槿、九重葛／寒緋櫻／田芋	一年當中最寒冷的季節，吹拂的強風會讓體感溫度感覺更低，因此不要忘了帶大衣或是厚外套。
2月 February	119.7mm	17.1°c		
3月 March	161.4mm	18.9°c	沖繩路蕎	雖然白天已經變得很暖和，晚上可能還是很冷，要準備外套等可以禦寒的衣物。
4月 April 海開放	165.7mm	21.4c	刺桐／雙帶鳶尾冬／芒果	一年當中氣溫最舒適的時期，白天只要穿一件薄長袖即可，四月後半穿短袖也不會冷。
5月 May 會進雨季	231.6mm	24.0°c	月桃／沖繩苦瓜／香蕉	五月中旬會進入梅雨季，天氣持續悶熱，和盛夏時候差不多。可以換成短袖&涼鞋的夏季打扮。
6月 June 梅雨結束	247.2mm	26.8°c	沖繩香蕉	
7月 July	141.4mm	28.9°c	火龍果	
8月 August	240.5mm	28.7°c		正式進入夏天，陽光強烈，要做好萬全的防曬措施，最好也帶一件薄長袖，在有冷氣的室內可以穿。
9月 September 颱風很多	260.5mm	27.6°c		
10月 October 水浴結束	152.9mm	25.2°c		陽光變得比較溫和，讓人感覺到秋天的氣息，到十月底都還可以穿短袖，之後就會變冷了。
11月 November	110.2mm	22.1°c	扁實檸檬／田芋	
12月 December	102.8mm	18.7°c		白天還算暖和，衣著以薄長袖為主，早晚則會變得很冷，穿外套的機會會變多。

4月～10月是海水浴的季節，其中9月颱風很多，這個時候的旅行團費也會比較便宜。

那霸機場周邊

正上方
為北方

周邊圖 ▶P.154·155
500m
1:36,000

P.142·143 那霸

新港碼頭

P.59 でいご食堂 R
那霸新港
天久台病

泊大橋

若狹IC

那霸港
波上海空公園
波上宮
波上海灘
58
43
若狹
松山公園
若松入口
美榮

久米南
西
之藏
久米

那霸市
旭橋
泉崎
722

那霸海軍路
沖繩西海岸道路

營業所
通堂町
那霸港前
那霸市役所
沖繩縣廳
330
縣庁前

鏡水
美軍設施
フリーゾーン前
住吉町
軍港灣設施
旭町
旭橋
城

那霸空港IC
那霸機場
自衛隊
那霸駐屯地

垣花町
國場川
明治橋

壺川
中央郵局

廉價航空航廈·貨物航站
貨物航站前
國際線航站廈
國際線航廈
國內線航廈
國內線航廈

金城
山下町
公園前
奧武山町
奧武山公園
壺川
壺

221
那霸空港線
安次嶺
航空隊前
金城
那霸西高前
那霸西高
都市單軌電車
山下
奧武山公園
那霸大橋
小祿高
新那霸大橋

大嶺
那霸機場
海上自衛隊
那霸航空基地
當間
安次嶺
金城小
那霸西高
小祿
駅前
小祿小
森口公園
小祿
漫湖公園
漫

大嶺崎
航空自衛隊
那霸基地
赤嶺
イオン
チャビラ H
田原
鏡原町
小祿
豐見橋
152

赤嶺
KFC
駅前
Hotel GranView Okinawa H
宇栄原1
大嶺
小祿
7
住宅前

宮城
さつき小
かねひで
小祿南小
62
小祿
公園前
7

高良
331
221
宇栄原
宇栄原小
海軍壕入口

宮城
宇栄原
舊海軍司令部壕 P.12

高良
松川入口
とみくすく南口
海軍壕入口

貝志
高良小
豐見橋

豐見城·名嘉地IC
R Jef 豐見城店 P.26
我那霸
宜保入口

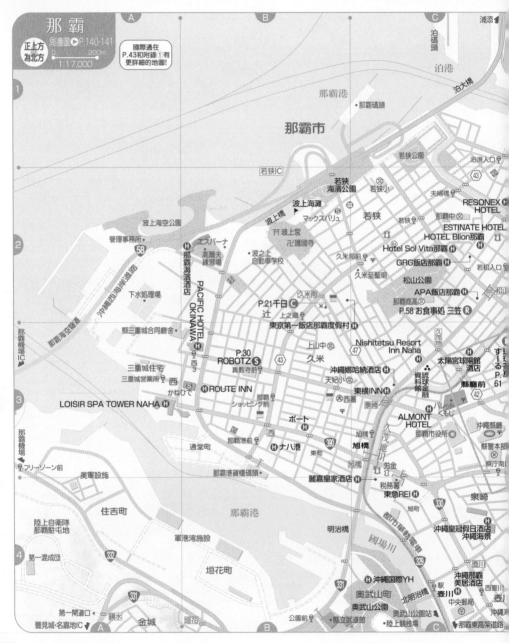

那霸

周邊圖 ▶P.140·141

正上方
為北方

0   200m
1:17,000

國際通在
P.43和附錄①有
更詳細的地圖！

浦添
泊碼頭
泊港
泊大橋
那霸港
那霸碼頭
若狭公園
泊港入口方向
那霸市
夫婦橋
RESONEX HOTEL
若狭IC
若狭海濱公園
若狭小
波上海灘
マックスバリュ
若狭
那霸中
那霸港
ESTINATE HOTEL
HOTEL Blion那霸
波上宮
護國寺
波上海空公園
エスパーナ
高麗夫練習場
那霸海濱酒店
波之上自動車學校
久米局前
Hotel Sol Vita那霸
GRG飯店那霸
管理事務所
久米至聖廟
松山公園
APA飯店那霸
下水處理場
久米前
P.58 お食事処 三笠
PACIFIC HOTEL OKINAWA
縣三重城合同廳舍
P.21千日 C
辻 上之藏前
東京第一飯店那霸度假村
P.58 お食事処 三笠
三重城住宅
三重城營業所
P.30 ROBOTZ
真教寺前
上山中
久米
Nishitetsu Resort Inn Naha
太陽宮球陽館酒店
縣廳前
沖繩娜哈納酒店
琉球金融資料館
する P.61
LOISIR SPA TOWER NAHA
ROUTE INN
天妃小
西
かねひで
那霸ショッピング前
東横INN
西崎
パレット
くもじ
沖繩縣廳
沖繩那霸機場
通堂町
那霸港前
ポート
旭橋
ALMONT HOTEL
那霸市役所
縣警本部
フリーゾーン前
ナハ港
東町
那霸機場IC
美軍設施
那霸港貨櫃碼頭
旭橋
縣廳本部
麗嘉皇家酒店
稅務署
東急REI
泉崎
住吉町
陸上自衛隊那霸駐屯地
軍港灣施設
明治橋
沖繩皇冠假日酒店
沖繩海景
第一混成團
垣花町
那霸港
國場川
沖繩那霸美居酒店
壺川
西垣川
壺川
中央郵局
沖繩
第一閘道口
豐見城·名嘉地IC
金城
垣花
泡水
沖繩國際YH
奧武山町
奧武山公園
北明治橋
奧武山公園站
公園前
縣立武道館
陸上競技場
那霸東高速道路

D 浦添

RYUBO樂市
百貨公司
蘋果城超市
新都心公園

上之屋
沖繩縣立博物館・美術館
第2地方合同廳舍
縣立博物館前

P.144・145 首里
古島站
古島IC
興南高前
興南高・中
おもろまち4
真嘉比IC
古島

黄金森公園
NHK
歌町
真嘉比

沖繩喜瑨志
度假城市
泊高橋
とまりん
泊高橋
泊小
SAN-A
那霸MAIN
PLACE
おもろまち1
真嘉比
真嘉比小

東橫INN沖繩那霸新都心Omoromachi
ぜんざいの富士家 泊本店 P.20
泊
ハロー
ワーク
駅前廣場
Tギャラリア 沖繩 by DFS
駅前
歌町

58
中之橋
沖繩海邦
The Naha Terrace
おもろまち
真嘉比

Smile Hotel
あぐん茶 P.63
ROUTE INN HOTELS
大和 Roynet Hotel
NAHA-OMOROMACHI

這裡有
Tギャラリア 沖繩 by DFS
營業所的租車歸還處，
因為有中央分隔島，
所以不能右轉進入。

Richmond Hotel
那霸久茂地
那霸小
崇元寺
STATION
HOTEL牧志
大道

美榮橋
Vita Smoothies P.44
tituti OKINAWAN CRAFT P.28
牧志
安里
Hotel Sun Queen

P.63
居酒屋野郎 りょう次
たそがれ珈琲
P.18
ハビハナ
むつみ橋
牧志
安里
中央病院前
琉生病院前
松川

HOTEL JAL CITY
那霸
松尾
てんぶす那霸
大和 Roynet Hotel
NAHA-KOKUSAIDORI
松川

國際通
松尾
第一牧志公設市場
桜坂劇場
MAXI
MARKET
P.46
姫百合橋
大道小
松川
松川小

松尾1
那霸市立壺屋燒物博物館
Craft house Sprout
P.50
真和志中
工業高前

やちむんとカフェ
P.50 チャタロウ
Craft・Gift
ヤッチとムーン P.51
Kamany P.48・50
手作り陶房
んちゃぜーく P.51
安里川
三原
三原2

城岳公園
城岳
橘川
神原小
神原
沖繩
海邦
真和志
寄宮
三原3
大石
公園

楚辺
サンエー
裁判所
檢察廳
法務局
中央公園
神原中
神原十字路
與儀公園
中央公民館
市民會館
那霸特別支援
東郵局
寄宮
真和志小
寄宮
識名

城岳小
沖繩
與儀小
與儀
保健所
赤十字病院
縣立看護大學
真和志小前
沖繩
長田2

D
浦添機場
E
F

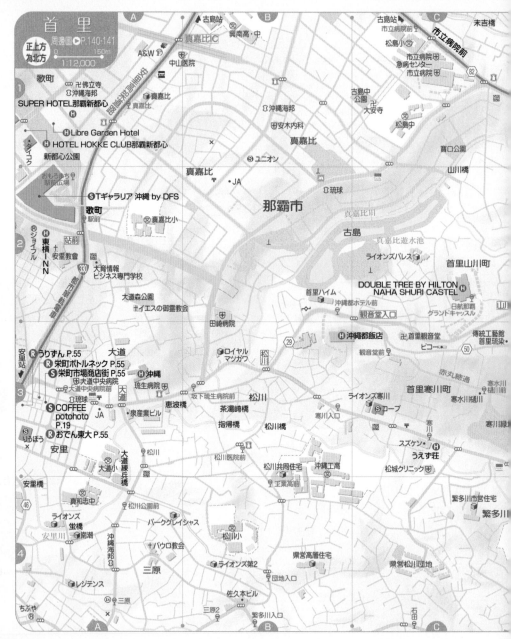

古島站
興南高·中
真嘉比IC
A&W
中山医院
歌町
卍佛立寺
☆沖縄海邦
SUPER HOTEL那覇新都心
真嘉比
真嘉比
Ⓗ Libre Garden Hotel
Ⓗ HOTEL HOKKE CLUB那覇新都心
新都心公園
ダイコク
おもろまち
駅前広場
Ⓢ Tギャラリア 沖縄 by DFS
歌町
駅前
真嘉比小

古島站
市立病院前
松島小
市立病院
急病センター
市立病院
82
古島中
公園
大安寺
松島中

寶口公園
山川橋

沖縄海邦
安木内科
真嘉比
Ⓢ ユニオン
JA
☆琉球
那覇市
真嘉比川
古島
真嘉比遊水池
ライオンズパレス
首里山川町

DOUBLE TREE BY HILTON
NAHA SHURI CASTEL
日航那覇
グランドキャッスル

傳統工藝館
首里琉染

Ⓙ ジョイフル
Ⓗ 東横INN
安里教会
大育情報
ビジネス専門学校
大道森公園
土イエスの御霊教会
田崎病院

首里ハイム
沖縄都ホテル前
観音堂入口
Ⓗ 沖縄都飯店
卍 首里観音堂
ビコー
観音堂前
50
添丸通
首里寒川町
寒水川
寒水川樋川

Ⓡ うりずん P.55
Ⓡ 栄町ボトルネック P.55
Ⓢ 栄町市場商店街 P.55
Ⓢ 沖縄
大道中央病院
Ⓢ 琉球
Ⓢ COFFEE
potohoto
P.19
Ⓢ おでん東大 P.55
安里
安里站
大道
琉病院
大道中央病院前
JA
泉産業ビル
恵波橋
指帰橋
珉
ロイヤル
マツガワ
田端病院前
坂下琉生病院前
茶湯崎橋
松川
松川橋
寒川入口
ライオンズ寒川
Ⓢ コープ
寒川
スズケン
Ⓗ
うえず荘
松城クリニック

安里橋
46
真和志中
大道小
大道練兵橋
松川
松川医院前
松川共同住宅
沖縄工高
土工業高前
繁多川市営住宅

繁多川

ライオンズ
蛍橋
安里川
南潮
沖縄海邦
パークグレイシャス
松川公園前
松川小
県営高層住宅
県営松川団地

安里橋
りうぼう

三原
レジデンス
三原
ちぶや
Ⓡ レジデンス
三原
Ⓢ ライオンズ第2
土パウロ教会
団地入口
佐久本ビル
繁多川入口
石垣

首里末吉町
花見橋
多目的廣場
末吉公園
安謝川
平良
昭和橋
平良
かねひで
JA
沖縄邦
城北橋
城北小
城北中
首里石嶺町
御殿山 P.60
國家公務員住宅
御殿山公園
第2石嶺
横保
盛光寺
白樺荘
首里教會
第1石嶺
首里織工藝館
首里儀保町
沖縄
横保
桃原
赤平
首里桃原町
ライオンズ
玉那覇味噌醤油
首里大中町
山112
浸信會
首里劇場
山川
首里赤平町
虎瀬公園
食堂黒猫 P.18
県青年研修センター
MOA沖縄会館
首里久場川町
市営久場川団地
久場川公園
首里りうぼう前
りうぼう
ジミー
首里○
NTT docomo首里大樓
久場川団地入口
首里汀良町
首里汀良町
汀良3
沖縄海邦
富久屋 P.70
メゾンS&K
首里当蔵町
当蔵
かねひで
Sui
嘉例山房 P.69
首里真和志町
首里高
池端
首里 ほりかわ P.70
龍潭公園
城西小
歓會門 P.67
守禮門 P.67
圓覺門
一中健児之塔
一中學徒隊
資料展示館
首里金城町
石畳入口
園比屋武御嶽石門 P.68
奉神門
首里森御嶽
首里城公園 P.66
正殿
首里城跡 P.67
グランドハイツ P.67
金城町
内金城嶽
県立芸大前
沖縄県立芸術大
首里金城村屋
城2
石畳前
松城中
繁多川公園
金城水庫
金城4
ライオンズ守礼
汀良
伊江殿内庭園
汀良公園
龍潭通り
琉球茶房 あしびうなぁ P.71
圖書館
首里公民館
首里支所前
Aコープ
鳥堀1
沖縄
鳥堀
西来禪院
琉球
沖縄県立芸術大
首里中
首里
鳥堀
首里駅前
首里鳥堀町
首里そば P.60
国吉ストア
首里赤田町
赤田
瑞泉酒造
崎山公園
首里崎山公園
うちなー料理 首里 いろは庭 P.25
ラジオ沖縄送信所
首里崎山町
城南小
首里天主教會
崎山
環境の杜・ふれあい
料金所
沖縄自動車道
西原Jct
松城中
ぼろ山
那覇IC
豊見城
崎山
博愛病院

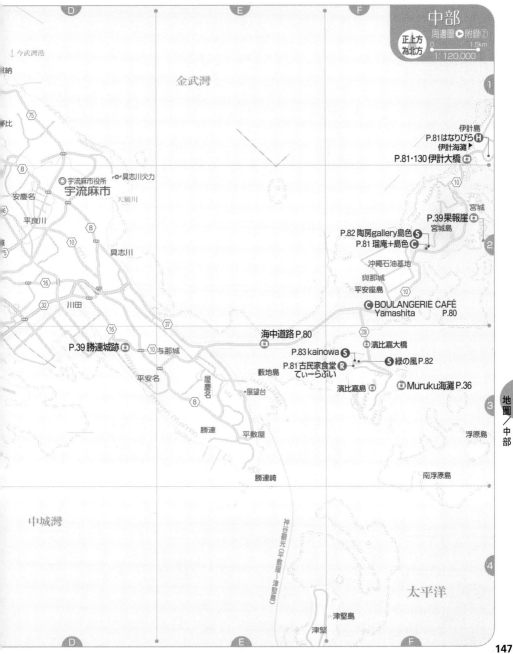

金武灣

↓ 今武灣港

納

比

75

安慶名

平良川

6

5

8

◎宇流麻市役所
宇流麻市

具志川火力

天願川

具志川

8

10

16

33

川田

16

37

5

與那城

勝連

平安名

屋慶名

展望台

藪地島

平敷屋

勝連

勝連崎

8

P.39 勝連城跡 ◎

10 与那城

1

伊計島
P.81はなりびら H
伊計海灘 ▶
P.81・130 伊計大橋 ◎

10

宮城
P.39果報崖 ◎
宮城島

P.82 陶房gallery島色 ⑤
P.81 瑠庵＋島色 ⓒ

沖繩石油基地

與那城
平安座島

10

ⓒ BOULANGERIE CAFÉ
Yamashita   P.80

海中道路 P.80
P.83 kainowa ⑤
P.81 古民家食堂 Ⓡ
てぃーらぶい

濱比嘉大橋
ⓢ 緑の風 P.82

◎ Muruku海灘 P.36

濱比嘉島

浮原島

南浮原島

中城灣

神谷觀光〈平敷屋～津堅島〉

太平洋

津堅島

津堅

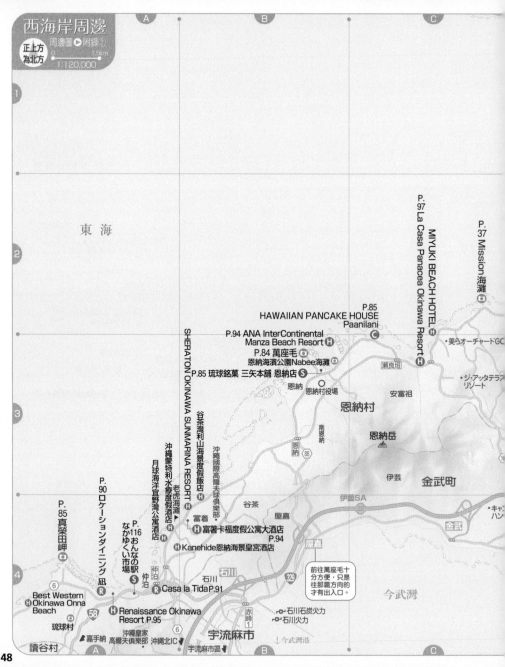

西海岸周邊

周邊圖 ▶附錄②

正上方
為北方

0 ──── 1.5km
1:120,000

東 海

P.97 La Casa Panacea Okinawa Resort

MIYUKI BEACH HOTEL

P.37 Mission 海灘

・美らオーチャードGC

・ジ・アッタテラス
　リゾート

P.85
HAWAIIAN PANCAKE HOUSE
Paanilani

瀨良垣

P.94 ANA InterContinental
Manza Beach Resort

P.84 萬座毛
恩納海濱公園Nabee海灘

安富祖

P.85 琉球銘菓 三矢本舖 恩納店

SHERATON OKINAWA SUNMARINA RESORT

恩納

恩納村役場

恩納村

南恩納

恩納岳

谷茶灣利山海景度假飯店

沖繩國際高爾夫球俱樂部

恩納

伊芸

金武町

月球海洋宜野灣公寓酒店

沖繩蒙特利水療度假酒店

老虎海灘

谷茶

屋嘉

伊芸SA

金武

キャン
ハン

P.90 ロケーションダイニング 凪

P.116 おんなの駅 なかゆくい市場

富着

富著卡福度假公寓大酒店
P.94

Kanehide恩納海景皇宮酒店

仲泊

P.85 真榮田岬

329

前往萬座毛十
分方便，只是
往那霸方向的
才有出入口。

今武灣

Best Western
Okinawa Onna
Beach

琉球村

嘉手納

Casa la Tida P.91

仲泊

石川

石川火力

石川石炭火力

赤崎1

今武灣港

沖繩皇家
高爾夫俱樂部

沖繩北IC

宇流麻市

宇流麻市區

Renaissance Okinawa
Resort P.95

58

讀谷村

148

▲本部

58
宮里3
49
21世紀森林海灘

71
58
名護市役所
城1
R
ひがし食堂 P.21
名護中央公園

多野岳

名護博物館
世富慶
世富慶IC
森瀑布

名護岳

世富慶

名護市

18

THE BUSENA TERRACE HOTEL
名護灣

P.91
喜瀬のちんぼーら

58
329
二見

道の駅 許田 P.116
S

331
東

P.93 卡努佳度假村 H

海中展望塔
部瀬名海中公園
H
幸喜海灘
R
許田
許田
幸喜

國頭方西海道

大浦灣

沖縄萬豪假酒店 P.95
H
喜瀬
喜瀬CC

2

伊武部

沖縄喜瑠璃癒志海灘渡假酒店

沖縄島麗思卡爾頓酒店
H

329
13

辺野古崎

71

名嘉真

松田北
宜野座CC

宜野座村

沖縄自動車道

宜野座

宜野座村役場

松田

3

漢那水壩

城原

漢那
道の駅 ぎのざ
S

漢那海灘
漢那海灘
LiVEMAX Amms飯店漢那渡假別墅
H

中川
棒球場

武町役場

金武大川

太平洋

武火力

金武岬

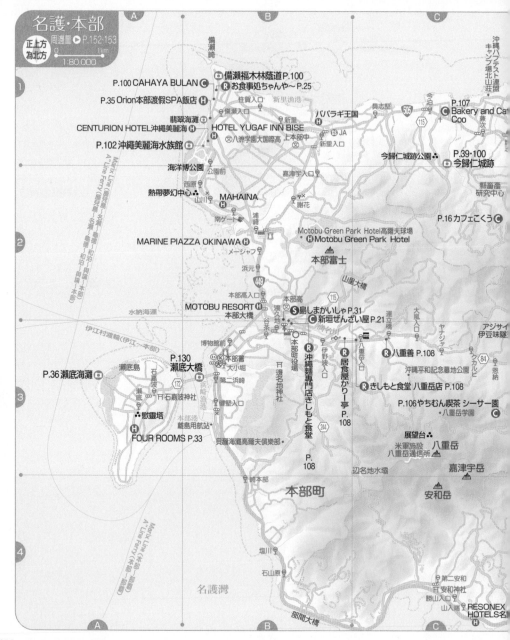

P.100 CAHAYA BULAN C
⊕備瀬福木林蔭道 P.100
⊕Rお食事処ちゃんや～ P.25

P.35 Orion本部渡假SPA飯店 H

翡翠海灘
CENTURION HOTEL沖縄美麗海 H

P.102 沖縄美麗海水族館 ⊕

海洋博公園

熱帯夢幻中心 H

MAHAINA H

MARINE PIAZZA OKINAWA H

パパラギ王国 H

ⒸBakery and Cat Coo P.107

今帰仁城跡公園 ♣　P.39·100
今帰仁城跡

P.16 カフェこくう Ⓒ

Motobu Green Park Hotel高爾夫球場
Ⓗ Motobu Green Hotel

本部富士

HOTEL YUGAF INN BISE

MOTOBU RESORT
本部大橋

Ⓢ島しまかいしゃ P.31
Ⓡ新垣ぜんざい屋 P.21

P.130
瀬底大橋

P.36 瀬底海灘 ⊕

慰霊塔

FOUR ROOMS P.33

沖縄麺専門店きしもと食堂

Ⓡ居食屋かり一亭 P.108

Ⓡ八重善 P.108

Ⓡきしもと食堂 八重岳店 P.108

P.106やちむん喫茶 シーサー園 Ⓒ

アジサイ
伊豆味線

展望台 ♣
米軍施設　八重岳 ▲
八重岳通信所 ▲

嘉津宇岳 ▲

本部町

安和岳 ▲

名護灣

RESONEX HOTELS名

D　　　　　　　E　　　　　　　F

東海

H & Hana Stay P.97
tinu海灘 P.36·115
tokei海灘 P.115
H hotel cava P.96

H villa suara nakijin P.33
・崎山農村公園

与那嶺
仲尾次
平敷
北山窯

G 古宇利島 P.114

C t&cとうらく P.115

1

綜合運動公園
越地
今帰仁村役場
謝名
仲宗根 (西)
JA
中央公民館

H マチャン・マチャン
▶uppama海灘

古宇利交流廣場
古宇利漁港
▶古宇利海灘

今帰仁村
玉城公園 ♣

Resort Hotel
Bel Paraiso H

P.32
H chillma

G 古宇利大橋 P.114

山岳
ビーチロック
ビレッジ
伊
乙羽隧道
乙羽岳

漁協

運天港
國立療養所沖繩愛樂園

天底

沖繩養殖中心

2

P.115 Warumi大橋 H
瀧謝堂
ウルミ入口

運天原
運天上原

屋我地島

吳我山隧道
第二湧川
湧川

支所前
屋我地中

山岳

JA

前垣

我部

明蝦養殖場

R 山原そば P.109
第一ウジン原
湧川マリーナ
佐我屋島

JA

屋我

C 森の食堂smile spoon P.107

ヤガンナ島

屋我地大橋

3

C Cafe ichara P.106
第一イヤガイ
Cafe ハコニワ P.17
オリオン嵐山
ゴルフ倶樂部
▲嵐山展望台
R そば屋よしこ P.109

國頭方西海道

羽地内海

屋我浜
▶屋我地海灘
▶屋我地海灘

奥武島

大宜味

R なかやま家 P.109
中山
三十提
嵐山入口

吳我
卍佛心寺

羽地奥武橋
奥武橋
真喜屋
奥武島

稻嶺
58
北部製糖前

名護市

P.109 むかしむかし R
名桜大
第二中山

吳我入口

仲尾次漁港
漁協

真喜屋

S 羽地の駅 P.116

沖繩三育中
第一中山

仲尾次北
仲尾次

真喜屋水緑

P.109 名護鳳梨園
名護自然動植物公園
イオン
Cookhal S P.101

田井等
山田入口
田井等

田上北
田上北

JA

名護喪車場

4

特養ホーム
かりゆしの村
桜野
特別支援

84
ワタンジャ原
マックス
バリュ

内原水壩
縣農業研究中心

我部祖河
稻田小入口

我部祖河
伊差川
伊差川

JA

S しまドーナツ P.101

羽地水壩

JA
・名護市區
大北
マルエー

名護商工高
世富慶IC

名護市區

タクジトンネル

山原
正上方 周邊圖 ▶ 附錄②
為北方
0 2km
1:200,000

東海

A" Line Ferry (神戶→大阪→名護→高津→和泊→與論→那霸)(東京→志布志→名護→那霸)

伊是名渡輪(伊是名→運天)
伊平屋渡輪(伊平屋→運天)

P.135 伊江島

㉕ 伊江島CC
⛰伊江城山
○伊江村役場
伊江村
いえそん

伊
江
村
青
少
年
旅
行
村
海
灘

P.150・151 名護・本部

備瀬崎

古宇利島

翡翠海灘▶

今歸仁村

505

115

國頭方西海灘

沖繩美麗海水族館
海洋博公園

仲宗根 運天
今歸仁村役場

運
天

古
宇
利
大
橋

謝花

114

本部富士▲

乙羽岳▲

247

屋我地島

瀬底大橋

本部町役場
渡久地

並里

84

鏡平名

72

瀬底海灘▶

瀬底

本部町

水納島

本部半島

72

羽地內海

505

屋我地海灘◀

110

奧武島

健堅

瀬底島

八重岳▲

58

•貝殼海灘
高爾夫俱樂部

旭川

嘉津宇岳▲

72

真喜屋
真喜屋水壩

水納海灘◀

名護市

仲尾次

羽地水壩

國頭方西海灘

伊
差
川
IC

伊差川西

449

屋部

84
白銀橋東

58

伊差川

名護灣

宮里3 許田IC 71
名護市役所○ ▶世富慶IC

152

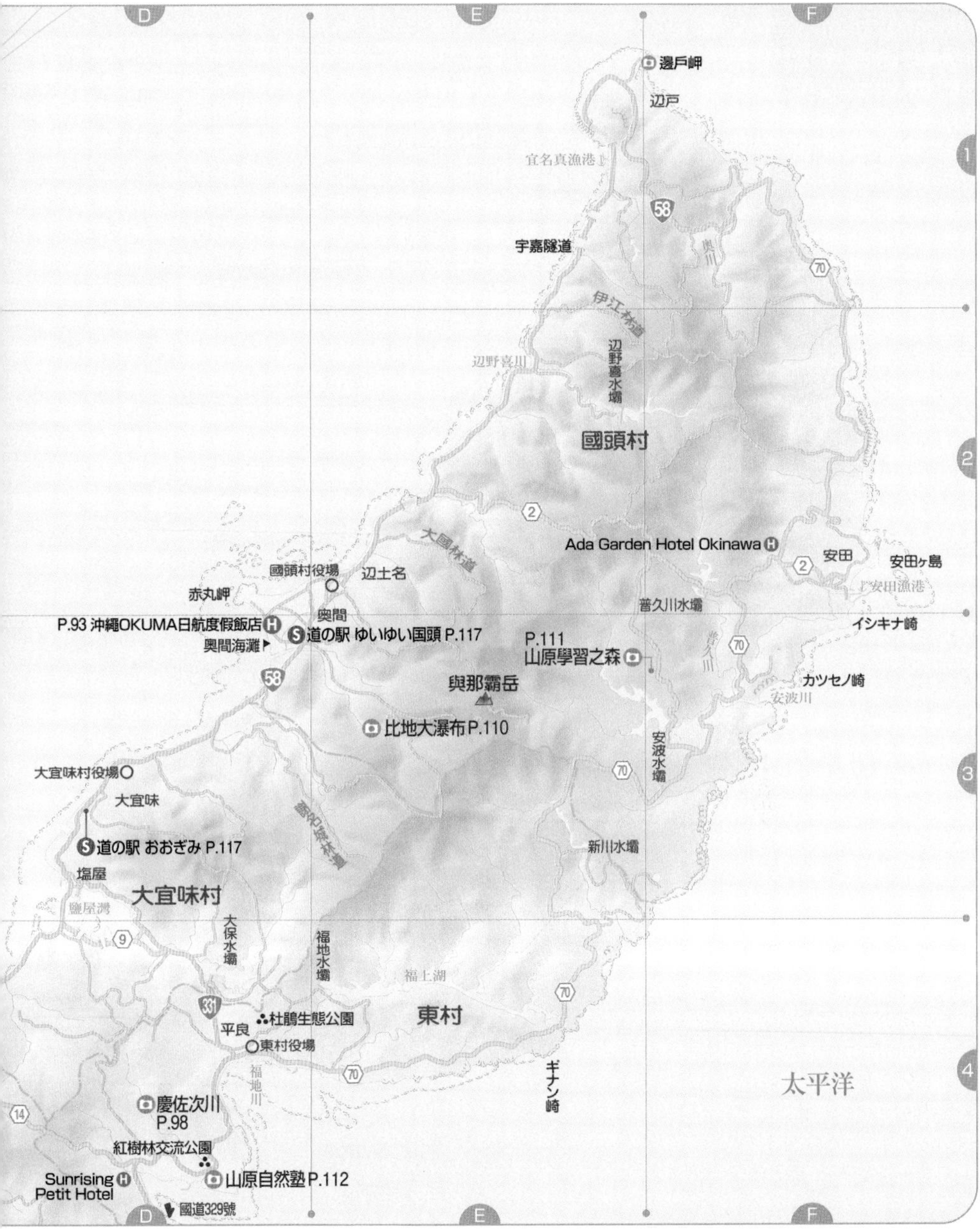

D
E
F
1
2
3
4
邊戶岬
辺戸
宜名真漁港
58
宇嘉隧道
奥川
70
伊江林道
辺野喜川
辺野喜水壩
國頭村
2
Ada Garden Hotel Okinawa
安田
安田ヶ島
安田漁港
大國林道
國頭村役場
辺土名
赤丸岬
普久川水壩
奥間
P.93 沖繩OKUMA日航度假飯店
道の駅 ゆいゆい国頭 P.117
奥間海灘
P.111
山原學習之森
イシキナ崎
普久川
カツセノ崎
安波川
與那霸岳
比地大瀑布 P.110
安波水壩
大宜味村役場
大宜味
道の駅 おおぎみ P.117
新川水壩
塩屋
大宜味村
鹽屋灣
9
大保水壩
福地水壩
福上湖
331
杜鵑生態公園
東村
平良
東村役場
福地川
ギナン崎
太平洋
14
慶佐次川
P.98
紅樹林交流公園
Sunrising Petit Hotel
山原自然塾 P.112
國道329號

正上方
為北方

周邊圖 ▶ 附錄②

1:120.000

0　　　1.5km

A

B

C

1

座間味村渡輪

渡嘉敷村渡輪

Marix Line
A"Line Ferry

久米商船
那霸泊港

宜野灣　浦添市美術
宮城　　浦添市役所

西原IC

58

安謝

古墘

82

浦添市

330

P.140・141那霸機場周邊

泊大橋

那霸港

若狭IC

首里

那霸空港IC

那霸港役所　○○沖繩縣廳

首里城跡

那霸市

那霸

332

小祿

7

國場

識名園

507

東　海

大嶺崎

大嶺

+
那霸機場

231

宇榮原

329

高良

南風原町

331

82

11

88

南風原南

2

瀨長島

豐見城・名嘉地IC

那霸空港自動車道

豐見城隧道

豐見城IC

宜次

瀨長

與根

豐見城市

沖繩アウトレットモール あしびなー S
P.137 レンタカーステーション沖繩
P.117 JAおきなわ 菜々色畑 S

豐見城市役所

阿波根

7

八重瀬町役場○

507

77

大東海運

3

P.116 道の駅 いとまん S

美々ビーチいとまん ▶

照屋(東)

與座

富

52

高良

糸
滿

照
屋

糸滿市

パーム
ヒルズG・

那霸G

15

糸滿市公所 ◎

54

P.24 茶処 真壁ちなー R

4

名城海灘
名城海灘 ▶

3

P.127 姬百合塔

伊原

P.126 平和祈念公園
P.127 沖繩縣平和祈念資料館
P.127 沖繩平和祈念堂
P.127 平和之礎
P.127 平和之火

261

7

P.127 平和之塔

喜屋武岬

A

B

C

中城村

D

中城灣港 ↓

中城灣 E F

琉球大 中城市街

北中城IC

嘉手苅

小那覇

西原町役場

西原町

沖縄CC

西原Jct

與那原

與那原

與那原町役場 與那原町

南風原北IC

大里

津波古

津波古

新里坂

新里

新里

YUINCHI南城酒店 H

親慶原

南城市

P.121
atelier+shop COCOCO S

玉城

琉球GC

南城市役所

GANGALA之谷

新城

玉泉洞

沖縄世界文化王國

内田製パンP.23

具志頭

奥武島 P.121

具志頭

ザ・サザンリンクス GC

八重瀬町

太平洋

守礼CC

久手堅

P.28
S TIDAMOON

知名崎

佐敷

P.124 齋場御嶽

▶あざま
サンサン海灘

S 南城市地域物產館 P.125

知念岬 知念岬公園 P.120

知念

P.122 カフェくるま C

Nirai橋・Kanai橋 P.120

垣花樋川 P.120

C Cafeやぶさち P.123

百名海灘 P.120

C 食堂かりか P.122

新原海灘 P.37

C 浜辺の茶屋 P.123

S 中本てんぷら店 P.27

R もずくそばの店 くんなとう P.121

久高島

久高島

P.129 久高島

地圖／南部

155

符號和外文字母

七劃

八劃

九劃

ことりっぷ co-Trip 小伴旅

沖繩

【co-Trip日本系列 1】

沖繩小伴旅

作者／MAPPLE 昭文社編輯部
翻譯／洪禎韓
校對／江宛軒
編輯／林德偉
發行人／周元白
出版者／人人出版股份有限公司
地址／23145新北市新店區寶橋路235巷
6弄6號7樓
電話／（02）2918-3366（代表號）
傳真／（02）2914-0000
網址／www.jjp.com.tw
郵政劃撥帳號／
16402311人人出版股份有限公司
製版印刷／長城製版印刷股份有限公司
電話／(02)2918-3366(代表號)

經銷商
聯合發行股份有限公司
電話／（02）2917-8022

第一版第一刷／2013年5月
修訂第二版第一刷／2018年4月
定價／新台幣320元

國家圖書館出版品預行編目(CIP)資料

沖繩小伴旅 / MAPPLE昭文社編輯部作；
洪禎韓翻譯. -- 第二版.
-- 新北市：人人，2018.04
面； 公分. -- (co-Trip日本系列；1)
譯自：沖縄
ISBN 978-986-461-103-4(平裝)

1.旅遊 2.日本沖繩縣
731.7889   106003139

JMJ

co-Trip OKINAWA ことりっぷ 沖縄
Copyright © Shobunsha Publications, Inc. 2016
All rights reserved.
First original Japanese edition published by
Shobunsha Publications, Inc. Japan
Chinese（in traditional characters only）
translation rights arranged with Jen Jen
Publishing Co., Ltd.
through CREEK & RIVER Co., Ltd.

●本書提供的，是2016年2～4月的資訊。由於資訊可能有所變更，要利用時請務必先行確認。另因日本調高消費稅，各項金額有可能有所變更；部分公司行號可能標示不含稅的價格。此外，因為本書中提供的內容而產生糾紛和損失時，本公司礙難賠償，敬請事先瞭解後使用本書。
●電話號碼提供的都是各設施的詢問電話，因此可能會出現非當地號碼的情況。因此使用衛星導航等設備查詢地圖時，可能會出現和實際不同的位置，敬請注意。
●各種費用部分，入場券部分的標示以大人的票價為基準。
●開館時間、營業時間，以到停止入館的時間之間，或是到最後點餐時間之間為基準。
●不營業的日期，只標示公休日，不包含臨時停業或盂蘭盆節和過年期間的休假。
●住宿費用的標示，是淡季平日2人1房入宿時的1人份費用。但是部分飯店，也可能房間為單位來標示。
●交通標示出來的是主要交通工具的參考所需時間。

●本書掲載の地図について
この地図の作成に当たっては、国土地理院長の承認を得て、同院発行の1万分1地形図 2万5千分1地形図 5万分1地形図 20万分1地勢図 50万分1地方図、100万分1日本、数値地図(国土基本情報)電子国土基本図(地図情報)、数値地図(国土基本情報)電子国土基本図(地名情報)、数値地図(国土基本情報)基盤地図情報(数値標高モデル)、電子地形図25000、基盤地図情報を使用した。(承認番号　平27情使、第14-155184号　平27情使、第15-155184号　平27情使、第16-155184号　平27情使、第17-155184号　平27情使、第18-155184号)

● 著作權所有　翻印必究 ●